Bauch

ere Philosophie bis Kant

derter Nachdruck der Originalausgabe von 1919.

je 2022 | ISBN: 978-3-36842-799-3

ook Verlag GmbH, Zeilweg 44, 60439 Frankfurt, Deutschland
berechtigt: E. Roepke, Zeilweg 44, 60439 Frankfurt, Deutschland
s on Demand GmbH, In de Tarpen 42, 22848 Norderstedt, Deutschland

Bruno Bauch

Neuere Philosophie

Brun

Neu

Unverä

1. Aufl.

Verlag: O
Vertretun
Druck: Bo

outlook

Sammlung Göschen

Geschichte der Philosophie

IV

Neuere Philosophie bis Kant

Von

Dr. Bruno Bauch

Professor an der Universität Jena

Dritte, verbesserte Auflage

Berlin und Leipzig
Vereinigung wissenschaftlicher Verleger
Walter de Gruyter & Co.
vormals G. J. Göschen'sche Verlagshandlung · J. Guttentag, Verlags-
buchhandlung · Georg Reimer · Karl J. Trübner · Veit & Comp.

1919

Druck
der Spamerschen
Buchdruckerei in Leipzig

Inhaltsverzeichnis.

Literatur.

Bei der Reichhaltigkeit der Literatur, insbesondere der schier unübersehbaren
Fülle der Spezialliteratur habe ich mir für die folgende Auswahl notgedrungen die
größte Beschränkung auferlegt. Für die Auswahl war in erster Linie der Gesichts=
punkt maßgebend, den Leser auf Werke aufmerksam zu machen, die für das Verständ=
nis — sei es der Gesamtgeschichte, sei es einzelner Denker — grundlegend sind. Aber
auch unter diesem Gesichtspunkte allein hätte ich das Literaturverzeichnis unver=
gleichlich weiter ausdehnen müssen, hätte ich allen historischen Arbeiten gerecht wer=
den wollen. So habe ich es, um nicht zu weitläufig zu werden durch ein zweites Aus=

wahlprinzip beschränken müssen. Persönlich kann ich es dadurch bezeichnen, daß ich bemerke, nur diejenige Literatur angeführt zu haben, der ich mich selbst zu Dank ver= pflichtet weiß, sachlich durch die Bezugnahme auf die in aller Geschichtsforschung wirk= same Beurteilung, nach der die besonderen historischen Leistungen in den geschicht= lichen Zusammenhang eingeordnet werden, und die ja selbst mehr oder minder auch von eigenen systematischen Grundüberzeugungen abhängig ist und abhängig sein muß.

1. Allgemeine Literatur.

W. Windelband, Geschichte der neueren Philosophie.
Derselbe, Lehrbuch der Geschichte der Philosophie.
K. Fischer, Geschichte der neueren Philosophie.
K. Vorländer, Geschichte der Philosophie.
E. Cassirer, Das Erkenntnisproblem in der Philosophie und Wissenschaft der neueren Zeit.
R. Eucken, Die Lebensanschauungen der großen Denker.
F. Überweg, Grundriß der Geschichte der Philosophie. (Bearb. v. M. Heinze.)
W. Dilthey, Auffassung und Analyse des Menschen im 15. und 16. Jahrhundert, und: Natürliches System der Geisteswissenschaften im 17. Jahrhundert. (Archiv f. Gesch. d. Philos. V u. VI.)
F. A. Lange, Geschichte des Materialismus.
E. Dühring, Kritische Geschichte der allgemeinen Prinzipien der Mechanik.
R. Falckenberg, Geschichte der neueren Philosophie.

2. Spezielle Literatur.

A. Riehl, Giordano Bruno.
Derselbe, Über den Begriff der Wissenschaft bei Galilei. (Vierteljahrsschr. f. wissensch. Philos. 1891.)
R. Hönigswald, Beiträge zur Erkenntnistheorie und Methodenlehre (die Aus= führungen über Galilei).
Derselbe, Über die Lehre Humes von der Realität der Außendinge.
P. Natorp, Galilei als Philosoph. (Philos. Monatshefte 1882.)
Derselbe, Descartes' Erkenntnistheorie.
W. Christiansen, Das Urteil bei Descartes. Ein Beitrag zur Vorgeschichte der Er= kenntnistheorie.
J. Freudenthal, Spinoza, sein Leben und seine Lehre.
L. Baensch, Die Entwickelung des Seelenbegriffs bei Spinoza als Grundlage für das Verständnis seiner Lehre vom Parallelismus der Attribute. (Arch. f. Gesch. d. Philos. XX.)
Derselbe, Joh. Heinr. Lamberts Philosophie und seine Stellung zu Kant.
E. Cassirer, Leibniz' System in seinen wissenschaftlichen Grundlagen.
P. Volkmann, Über Newtons „Philosophiae naturalis principia mathematica" und ihre Bedeutung für die Gegenwart.
D. Fr. Strauß, Herm. Sam. Reimarus und seine Schutzschrift für die vernünftigen Verehrer Gottes.
Derselbe, Voltaire.
P. Hensel, Rousseau.
R. Fester, Rousseau und die deutsche Geschichtsphilosophie.
Von Übertragungen philosophischer Hauptwerke habe ich mehrfach die vortreff= lichen in der philosophischen Bibliothek erschienenen Übersetzungswerke von Buchenau (Descartes und Spinoza), Baensch, Gebhardt (Spinoza), Cassirer=Buchenau (Leib= niz) zu Rate gezogen und auch im Text benutzt; ebenso Schultzes Übersetzung von Lockes Hauptwerk, die Wolfersche Übersetzung von Newtons „Prinzipien" und die ausgezeichnete von Lipps herausgegebene Übersetzung von Humes Treatise. Von Übersetzungen der Werke G. Brunos zog ich sowohl diejenige Lassons wie die Kuhlen= becks heran.

Einleitung.

I. Die allgemeinen Tendenzen des Geisteslebens im Beginn der Neuzeit.

Der Charakter des gesamten Geisteslebens der neueren Zeit ist, wie das geschichtlich hinlänglich gekennzeichnet ist, nach zwei Richtungen hin auszeichnend bestimmt: Schon auf den ersten Blick oberflächlicher Betrachtung gibt der neueren Zeit eine energische Reaktion gegen die Tendenz des mittelalterlichen Geisteslebens das Gepräge. Diese Reaktion bezeichnet indes lediglich die n e g a t i v e Seite des Charakters der Neuzeit. Geschichtlich bedeutsame Zeitabschnitte können eben nie aus einer bloßen Negation der vorherigen geschichtlichen Verhältnisse hervorgehen, nie durch eine bloß negierende Reaktion charakterisiert sein. Um überhaupt geschichtlich wirksam sein zu können, müssen die Tendenzen einer Zeit ihre positive geschichtliche Eigenbedeutung haben. Was der oberflächlichen Betrachtung zunächst negativ erscheint, das entdeckt sich dem Blicke des Historikers gerade als das bloße Gegenstück einer positiven wirklichen Bedeutung. So ist auch die Reaktion der neueren Zeit gegen das Mittelalter nur die Kehrseite ihrer positiven wirklichen Bestimmung und erst durch diese bedingt. Das Mittelalter war, soweit es in dieser Beziehung hier in Frage kommt, die Zeit der schulenden Bevormundung des Geistes durch die Autorität. Das wird man sagen können, auch wenn man, durch die geschichtliche Forschung belehrt, im Mittelalter nicht mehr schlechtweg das Zeitalter der Finsternis und Barbarei sieht. In der Abweisung geistiger Bevormundung nun besteht jedenfalls die bloße Reaktion der neueren Zeit gegen das Mittelalter. Die Loslösung von der autoritativen Scheinquelle der Geistesgewißheit hat aber bereits zum Gegenstück und zur Voraussetzung das Streben zu den echten, originalen und ursprünglichen Quellen der Gewißheit jeglicher Art. Dieses Streben der Selbstherrlichkeit des Geistes, sich nicht mit der bei der Autorität erborgten Scheinbarkeit und Wesenlosigkeit zu beruhigen, sondern überall zum Echten und Wahren zu dringen, bezeichnet den eigentlichen, weil positiven Charakter des neuen Zeitalters.

Seiner Gewißheitsquellen aber fließen dem modernen Geiste in letzter Linie diese drei: Der Autorität stellt er gegenüber einerseits die eigene Innerlichkeit und Tiefe der Menschenseele, andererseits die abendländische Kultur des Altertums, den griechischen Mutterboden unserer gesamten europäischen Geistestat, und drittens endlich die Natur. Daraus ging hervor auf der einen Seite die Erneuerung des sittlich-religiösen Bewußtseins. Und so sehr dieses auch immerhin der „Schrift" nicht entraten konnte, so ging es doch auf sie als urkundliche Quelle selbst zurück, ohne eine autoritative Vermittlung zu bedürfen oder auch nur sich von einer solchen stützen zu lassen, und es eroberte und wahrte sich, das ist das Wichtigste, die Freiheit ihrer Auslegung. Auf der andern Seite brachte das Zurückgehen auf die Kultur der Antike in den Bestrebungen des Humanismus der neuen, jungen Zeit die ewigen Geistesschätze des Altertums zu neuer Fruchtbarmachung nahe. Endlich führte die Richtung, mit der sich der moderne Geist der Natur als Problem näherte, nicht bloß eine intuitiv geniale Erweiterung des Standpunktes allgemeiner Weltbetrachtung herbei, sondern schuf auch die ersten, wahrhaft tiefen Interessen der exakten Wissenschaft.

II. Die Vereinigung der allgemeinen Tendenzen des neuzeitlichen Geisteslebens in der Philosophie.

Mochten nun auch jene allgemeinen Tendenzen mit mehr oder minder großer Selbständigkeit nebeneinander bestehen, so fanden sie doch ihren Sammelpunkt im Interesse der Philosophie. Es ist darum kein Zufall, daß wir gleich in den Anfängen der modernen Philosophie auf Problembestrebungen geführt werden, die in ihrer eigenen Bestimmtheit alle auf jene allgemeinen Tendenzen hinweisen. Die neue Religiosität kann der philosophischen Fundamentierung nicht entraten. In kühnem Gedankenfluge sucht der moderne Geist sich „das Innere der Natur" zu enträtseln. Ein Moment aber ist es, das uns das Interesse, das die neu verjüngte Philosophie sowohl an dem Zurückgehen auf das Altertum, wie an der exakten Wissenschaft nimmt, am hellsten beleuchtet, und in dem philosophisches, exaktes und geschichtliches Interesse in ihrer innigen Vereinigung am unmittelbarsten offenbar werden. Ich meine jenes historische Moment, das sich hier an den Namen Platons knüpft. Er war es gewesen, der bereits im Altertume die Verbindung zwischen Philosophie und der exaktesten unter den exakten Wissenschaften, der Mathematik, gefordert und vollzogen. Daß das neuere Denken gerade auf ihn zurücklenkt, das ist darum ebenso bezeichnend für das Zurückgehen auf das Altertum überhaupt, wie für das philosophische und das exakt-wissenschaftliche Interesse, weil sich in diesem einen Faktum der Geschichte diese gedanklichen Tendenzen der Zeit gleichsam konsolidiert offenbaren. War Platon im Mittelalter vor seinem großen, ihn selbst freilich weder an originaler Kraft des Gedankens noch an Ewigkeitsgehalt dieses Gedankens erreichenden Schüler Aristoteles zurückgetreten, so gewinnt mit dem Beginne der neueren Zeit seine einzigartige Tat eine vollere und tiefere Entfaltung geschicht-

licher Wirkſamkeit. Nun beginnt nicht nur der Inhalt ſeiner
Lehre ſeine Bedeutung auszuwirken, es iſt auch ſeine Me=
thode, die ihre tiefgreifenden Einflüſſe auf das wiſſenſchaft=
lich philoſophiſche Denken geltend macht. Gerade ſie iſt aber,
wie nichts ſonſt, beſonders geeignet, auch jene Zuſammen=
hänge ſpeziell des philoſophiſchen Intereſſes mit demjenigen
der exakten Wiſſenſchaft von neuem zu beleuchten. Es muß
hier, ohne der einzelnen Unterſuchung der eigentlichen Dar=
ſtellung vorzugreifen, einleitenderweiſe genügen, das Ver=
hältnis ganz allgemein zu charakteriſieren: Platon will, das
iſt ja allgemein bekannt, nur dem an der Mathematik Orien=
tierten den Eintritt in ſein philoſophiſches Lehrgebäude ver=
ſtatten. Platon iſt es aber auch, der ſelbſt auf mathematiſchem
Gebiete die originale Leiſtung der geometriſchen Analyſis
gezeitigt. Der Charakter der analytiſchen Methode bezeichnet
auch den Weg ſeines Philoſophierens. Was kann darum zum
Schluß noch einmal ſowohl die geſchichtliche Beziehung des
modernen zum Platoniſchen Denken, wie auch das ſyſtema=
tiſche Intereſſe an der Verbindung von Philoſophie und
exakter Wiſſenſchaft klarer bezeichnen als der Hinweis auf
folgende einfache Daten der Entwicklung der Analyſis? Pla=
ton entdeckte, wie geſagt, die geometriſche Analyſis im Alter=
tum; in der Neuzeit entwickelte Galilei die analytiſche Methode
in ausdrücklicher Beziehung auf Platon für das phyſikaliſche
Gebiet; Descartes begründet die analytiſche Geometrie und
ſucht auf dem Wege der Analyſe zu den letzten erkenntnis=
theoretiſchen und metaphyſiſchen Grundlagen vorzudringen;
Leibniz entdeckt die höhere Analyſis und macht ſie erkenntnis=
theoretiſch fruchtbar; Kant endlich analyſiert die erkenntnis=
theoretiſchen Grundlagen der Mathematik und Naturwiſſen=
ſchaft, der mathematiſchen Naturwiſſenſchaft. Ich nenne hier
gleich die größten Namen, die in der Geſchichte der neueren
Philoſophie ſelbſt Epochen bezeichnen. Sie ſollen mir hier

— auf das einzelne kann erst in der Darstellung selbst eingegangen werden — nur dazu dienen, den Charakter der
Philosophie, wenigstens nach der einen Seite hin, nämlich
in ihrer Beziehung auf die exakte Wissenschaft, zu verdeut-
lichen, anzudeuten, wie innig jene mit der exakten Forschung
verwachsen ist und daß neben dem ethisch=religiösen, dem
historischen und dem Interesse an der Natur als solcher auch
die Verbindung mit dem Interesse an der Wissenschaft von
der Natur eines der entscheidenden Momente für das philosophische Denken der neueren Zeit ist, durch das sie fortwirkt
auch auf unsere Zeit. So wenig es dabei die Absicht einer
Untersuchung der Geschichte der neueren Philosophie sein
kann, nun etwa auch eine Geschichte der exakten Wissenschaft
sein zu wollen, so sehr sie sich lediglich auf die Beziehungen zu
dieser beschränken muß, so darf sie doch diese Beziehungen,
die als solche vorwiegend methodischer Art sind, nicht übersehen.

III. Die Gruppierung der philosophischen Probleme auf Grund der allgemeinen geistesgeschichtlichen Tendenzen.

Wir unterschieden innerhalb des allgemeinen Strebens
der neueren Zeit, auf die Quellen ursprünglicher Gewißheit
zurückzugehen, zuerst die drei Tendenzen: erstens nach per-
sönlicher Innerlichkeit und seelischer Vertiefung, zweitens
nach neuer Fruchtbarmachung der antiken Kultur, drittens
nach der Hinwendung zur Natur. Wir sagten schon, daß sie als
ethisch=religiöses, als geschichtliches Bewußtsein und als Ansicht von der Natur ihren Sammelpunkt finden in der Philosophie. Nun gilt es, näher die Art und Weise, wie sie alle im
philosophischen Interesse sich vereinigen, ins Auge zu fassen,
um daraus die Probleme der neueren Geschichte der Philosophie methodisch zu bestimmen und zu gruppieren.

Um von vornherein ein Mißverständnis zu verhindern, müssen wir hier mit dem Zurückgehen auf die Antike beginnen. Wie das Beispiel an Platon gezeigt, hatte er für die Philosophie als solche lediglich ein systematisches Interesse. Sie bereicherte damit die neuere Geschichte sowohl in inhaltlicher wie methodischer Hinsicht. Nicht aber ging daraus hervor nun etwa schon eine planmäßige Erforschung der Geschichte der Philosophie selbst als besondere philosophische Disziplin; ebensowenig nun ward die Methode der historischen Forschung selbst schon zum Problem und darum entsprang auch auf den Anfängen der neueren Zeit noch nicht die Disziplin einer Philosophie der Geschichte. In dieser Hinsicht schaltet also für die methodische Gruppierung der philosophischen Probleme das Zurückgehen auf die Antike ganz aus und kommt nur dem Erfassen der eigenen Methode der Philosophie und deren rein systematischem Gehalte als solchem, nicht aber etwa der historisch=philosophischen Forschung und deren Methode zugute. Insofern ist es für die Problemgruppierung ohne Einfluß. Sein Einfluß ist rein systematischer Art. Er kann sich also auch nur da geltend machen, wo Probleminhalte aus der systematischen Überlegung selbst erwachsen, d. h. auf dem Gebiete einer der übrigen den Charakter der Neuzeit bestimmenden Geistestendenzen. Diese selbst sind in der Tat für die Gruppierung der Probleme bestimmend.

Die Erneuerung des sittlich = religiösen Lebens nun war aber als solche vorwiegend germanischen Ursprungs. Ist also auch hier der griechische Einfluß nicht sonderlich bestimmend, so bedeutsam er für die ursprüngliche dogmatische Ausgestaltung des Christentums besonders in der Logoslehre gewesen war, so hat doch jene sittlich=religiöse Erneuerung auch für die Philosophie ihre ausschlaggebende Bedeutung. Denn sie führt eine neue moral= und religionsphilosophische Epoche herbei, mit der die Geschichte der neueren Philosophie

sogar anhebt. Sie wird also selbst an die Spitze der neueren
historischen Untersuchung zu treten haben. So bedeutsam nun
die sittlich-religiöse Erneuerung für das gesamte Leben der
Menschheit ward, so intensiv ist ihre Bedeutung auch für die
Philosophie. Innerhalb der allgemeinen philosophischen Interessen bezeichnet sie freilich nur eine besondere Sphäre.
Und diese kann sich trotz ihrer intensiven Bedeutung doch
nicht an Umfang vergleichen mit jener Problemgruppe, die
der Philosophie aus der dritten Gewißheitsquelle, dem Interesse an der Natur, erwuchs. Das Interesse an der Natur
ist von vornherein ein sehr mannigfaches. Für die exakte
Wissenschaft ist die Natur das Problem des Inbegriffs gesetzmäßiger Erscheinungszusammenhänge. Wird dabei ihr Nachdruck auf die Gesetzesbeziehung gelegt, so wird die Naturwissenschaft in erster Linie auf die rationale, insonderheit die mathematische Bestimmung gerichtet sein. Wird der Nachdruck auf
die Naturerscheinung gelegt, so wird die empirische Betrachtung vorherrschend sein, die freilich der rationalen, der logischen nie, der mathematischen zum Teil nicht entraten kann.

Die Philosophie nun zeigt in ihrer Geschichte an der Natur
ebenfalls ein doppeltes Interesse, ein unmittelbares und ein
mittelbares. Jenes ist ein Interesse an der Natur als we-
sentlicher Wirklichkeit. Dieses ist ein Interesse an der vorhin
charakterisierten Bestimmungsweise der Wissenschaft von
der Natur. Das erste kennzeichnet die Philosophie der Natur
oder Naturphilosophie; das zweite die Philosophie der Naturwissenschaft.

Die Naturphilosophie kann nun einerseits in rein dogmatischer Spekulation „ins Innere der Natur" zu dringen
suchen, oder sie kann erst selbst auf der zugrunde gelegten
Basis der exakten Wissenschaft die Natur erfassen wollen.

Die Philosophie der Naturwissenschaft bezieht sich
nun weder auf die Natur als wesenhafte Wirklichkeit in reiner

Spekulation, noch sucht sie auf Voraussetzungen der exakten Wissenschaft ihr Wissensgebäude zu errichten. Vielmehr sucht sie, anstatt die exakte Wissenschaft bloß vorauszusetzen, deren Grundlagen zu ermitteln. Sie faßt also die Natur zwar wie die exakte Wissenschaft als Inbegriff gesetzmäßiger Erscheinungszusammenhänge und hat also eigentlich nur an der Wissenschaft von der Natur ein Interesse. Aber indem sie für deren Auffassung von der Natur die Grundlagen zu ermitteln sucht, ist sie vorwiegend an der Grundlegung der exakten Wissenschaft selbst interessiert. Und mag sie diese Grundlagen selbst noch nicht im rein Logischen, sondern im Metaphysischen suchen, so baut sie doch nicht, wie die zweite Richtung der Naturphilosophie, ihre Metaphysik auf der Grundlage der exakten Wissenschaft auf, sondern sucht erst die Grundlagen der exakten Wissenschaft selbst zu ermitteln. Ihr Interesse ist also in der ersten Linie wissenschaftlich. Dieses kann selbst wieder ein doppeltes sein: je nach ihrer Beziehung auf die eine oder die andere, die rationale oder die empirische Bestimmungsweise der exakten Wissenschaft.

Wir müssen demnach vier Problemtendenzen, die aus dem Interesse an der Natur für die Philosophie folgen, unterscheiden: 1. die spekulativ-dogmatische Naturphilosophie; 2. die auf der Forschung sich aufbauende Naturphilosophie; 3. die an der rationalen Wissenschaft informierte Philosophie der Naturwissenschaft; 4. die an der empirischen Wissenschaft informierte Philosophie der Naturwissenschaft.

Wie es unter lediglich logischem Betracht zwar rein rationale Wissenschaften gibt (Logik und Mathematik), wie es aber nie rein empirische Wissenschaft gibt und geben kann, weil alle empirische Wissenschaften ausnahmslos die Logik und einige empirische Wissenschaften (z. B. Astronomie, Physik) auch die Mathematik voraussetzen, so sind noch viel weniger geschichtlich die vier Typen unseres Schemas, außer der rein speku-

lativ-dogmatiſchen Naturphiloſophie, mit abſoluter Reinheit
ausgeprägt worden. Im übrigen kreuzen und begegnen ſich
die verſchiedenen Problemtendenzen. Wenn wir ſie alſo zur
Grundlage auch der geſchichtlichen, nicht bloß der ſyſtema-
tiſchen Problemgruppierung machen, ſo ſoll damit lediglich
die herrſchende Stellung der Betrachtungsweiſe bezeichnet
ſein. Ferner ſoll rückſichtlich der dritten und vierten Problemtendenz nicht behauptet werden, daß ſie die Grundlagen ſelbſt
ſchon ins rein Logiſche geſetzt hätten. Wir werden dieſe im
Gegenteil ſogar zum Teil und zwar zum größeren Teil als
metaphyſiſch, zum anderen, geringeren Teil als poſitiviſtiſch
kennen lernen. Nur das ſoll hier entſcheidend ſein, daß überhaupt eine logiſche Grundlegung der Erkenntnis, wo immer
deren Grundlagen im einzelnen liegen mögen, in der Geſchichte der neueren Philoſophie verſucht wird. Endlich folgen
ſich in der lebendigen geſchichtlichen Entwicklung die einzelnen
Problemtendenzen keineswegs genau in der Reihenfolge, in
der wir ſie auf logiſch-disjunktivem Wege gewonnen haben.
Auf die ethiſch-religionsphiloſophiſche Epoche folgt zunächſt
freilich chronologiſch die Epoche der dogmatiſch-ſpekulativen
Naturphiloſophie. Nun gehen die mit Galilei (1564—1642)
beginnende, mit Wolff (1679—1754) und ſeiner Schule
endende Epoche der an der rationalen Wiſſenſchaft informierten und die mit Bacon (1561—1626) anhebende und mit
Hume (1711—1776) ihre Höhe und ihren Abſchluß findende
Epoche der empiriſch informierten Philoſophie zeitlich ziemlich parallel. In ſie ſchiebt ſich, mit Newton (1642—1727) an-
hebend und bis zum Naturalismus und Materialismus der
Aufklärungszeit reichend, die zweite naturphiloſophiſche Pe-
riode, die auf der exakten Wiſſenſchaft aufbaut, ein. Es dient
alſo nicht etwa bloß der Klarheit und Überſichtlichkeit des geſchichtlichen Stoffes, ſondern drückt zugleich den inneren
Problemzuſammenhang aus, obſchon die äußerliche Abfolge

zum Teil parallel verläuft, wenn wir unsere Untersuchung folgendermaßen anordnen:

1. Die moral= und religionsphilosophische Epoche.
2. Die spekulativ=dogmatische Naturphilosophie.
3. Die vorwiegend rational gerichtete Philosophie.
4. Die vorwiegend empirisch gerichtete Philosophie.
5. Die an die exakte Forschung anknüpfende Natur=
   philosophie.

Erstes Kapitel.

Die moral= und religionsphilosophische Epoche.

Den Wendepunkt der neueren Geschichte bezeichnet in erster Linie eine sittlich religiöse Tat: die Reformation als eines der bedeutsamsten und segensreichsten Ereignisse der Weltgeschichte. Auch sie ist freilich geschichtlich keineswegs „aus dem Nichts entsprungen". Sie hatte ihre geschichtlichen Vor= bedingungen und Vorlagen. Die Seelenknechtschaft und Geistesertötung, die aus dem Formel= und „Observanzen= kram" der alten Kirche folgte, genügt freilich nicht, um die Reformation, die durchaus positiven Wertes ist, zu verstehen. Aber ihr kamen auch bereits positive geschichtliche Werte ent= gegen. Gegen die Ertötung des Geistes durch den Buchstaben kirchlicher Satzungsmacht kämpfte innerhalb der alten Kirche still, aber nicht ohne Kraft längst eine Bewegung an, die mit Notwendigkeit die Sprengung der Geistesfesseln vorbereitete. Das war die sogenannte ältere Mystik. Ohne zwar mit der offiziellen Dogmatik der Kirche in offenen Widerspruch zu geraten, wurden doch die eigentlichen Dogmen lediglich als sinnfällig zeitliche Zeichen religiöser Wahrheit, nicht aber als die zeitlose religiöse Wahrheit selbst genommen. Diese sollte nur aus dem Innersten der persönlichen Seele selbst fließen können. Die Dogmenweisheit ward so, wenigstens stillschwei=

gend, beifeite gefchoben. Nur aus der Innenfchau follte die
wahre Gottesfchau fließen. War fo der Freiheit des Geiftes
wenigftens eine Gaffe von der fogenannten „theoretifchen
Myftik" gebahnt, fo fuchte die „praktifche Myftik" eine Läute=
rung und Reinigung der fittlich=religiöfen Lebensbetätigung
gegenüber der kirchlichen Lebensauffaffung. Wie für die theo=
retifche der Wert der kirchlichen Dogmen durch die perfön=
liche Innen= und Gottes=Schau ftillfchweigend erfetzt ward,
fo trat für die praktifche Myftik der Wert der kirchlichen Ge=
bote mehr und mehr zurück vor der äußerlich einfachen, aber
innerlich gewaltigen Forderung des Lebens in Gott fchlecht=
hin, der Kirchendienft trat zurück vor dem Gottesdienft. Und
Jefu Beifpiel gewann der Kirche gegenüber feine unmittel=
bare Bedeutung. Die „Nachahmung Chrifti" durch lebendige
Tat, das Aufgehen des Individuums durch das Leben in der
Gottheit ward zum Ideal der praktifchen Myftik, wie die un=
mittelbare Verfenkung des Geiftes in feine innerfte Gottes=
anfchauung das Ideal der theoretifchen Myftik war.

So bedeutfam die myftifche Bewegung ihrem inneren
Gehalte nach war, fo fehr diefer Gehalt fich immerhin auch
extenfiv weiteren Kreifen mitteilte, fo fehr endlich dadurch
eine Umwandlung des fittlich religiöfen Lebens auch vor=
bereitet wurde, fo genügte dennoch weder die myftifche
Kontemplation, noch auch die praktifche Forderung des ver=
innerlichten Gottesdienftes an und für fich fchon, diefe Um=
wandlung auch herbeizuführen. Dazu bedurfte es einer
gefchichtlichen Erfcheinung, in der die fittlich=religiöfe Über=
zeugung als folche freilich ebenfo ftark lebte, wie in der Myftik,
die aber mit der Kraft der Überzeugung zugleich die Tat=
gewalt verband, um die gefamte Zeit über fich felbft hinaus=
zuheben, die von der Kontemplation und eigenen innerlichen
Frömmigkeit die Überzeugung zu kraftvoller Tat und Wirk=
famkeit weiterführte, die Überzeugung nicht nur in fich er=

lebte und lebte, sondern durch persönliche Tatenfülle die Zeit
und Allgemeinheit fortriß zu neuem Eigenleben sittlich=reli=
giösen Überzeugtseins. Der kontemplative Meister Eckhart
war groß, groß war auch der fromme Gottesdiener Thomas
a Kempis, größer aber war der überzeugungsvolle, fromm=
gottesfürchtige und tatgewaltige Luther.

§ 1. Luther[1]).

Luther war gewiß weit davon entfernt, der Geschichte
ein philosophisches System geben zu wollen oder es geben zu
können. Allein, wie ohne ihn die ganze neuere Zeit nicht ver=
standen werden kann, so kann ohne ihn auch die Zeit der
neueren Philosophie nicht verstanden werden. Nicht nur, daß
er trotz aller Gebundenheit erst wahre Freiheit brachte, nicht
nur, daß er durch seine Person wie seine Tat ein des philo=
sophischen Interesses würdigster Gegenstand ist, setzte er auch
den philosophischen Geist in wahre Freiheit durch die Frei=
heit, die er für das sittlich=religiöse Leben brachte. Und so
wenig Luther immerhin für die Ausgestaltung des Systems
der Philosophie bedeuten mag, gegen die er ja bekanntlich
eine unwiderstehliche Abneigung besaß, so viel bedeutet er
für die philosophische Ausgestaltung der Ethik und Religions=
philosophie. Für sie entwickelte Luther aus seinem tiefsten
sittlich=religiösen Leben heraus einen Wahrheitsgehalt, dem
Jahrhunderte nach ihm Kant die philosophische Begründung
geben sollte.

Im Mittelpunkte der Überzeugung Luthers steht die Idee
des Glaubens. An ihr haben wir zwei Seiten zu unterscheiden:
den inhaltlichen oder dogmatischen Glauben einerseits und
den Glauben als Prinzip andererseits. So unbillig es wäre,
Luther nur nach seinem Dogmenglauben zu bewerten, so

---

[1]) Biographische Daten von Luthers Persönlichkeit zu geben, dürfte wohl über=
flüssig sein.

unbillig wäre es freilich auch, den Bestand des Dogmen=
glaubens zu übersehen. Dieser ist bei Luthers starr dogma=
tischer Natur so sehr der Glaube an die „Bibel“, das „heilige
Evangelium“, das „Gotteswort“, daß seine Überzeugung
ihren dogmatischen Inhalt durchaus der, seiner Ansicht nach,
zwar von Menschen verfaßten, aber von Gott selbst eingegebe=
nen Schrift entnimmt. Allein der bloße Schriftglaube an
und für sich bedeutet dem Reformator gar nichts, wenn er
nicht in die lebendige Innerlichkeit der Person und ihre sitt=
liche Gesinnung aufgenommen ist. Er hat nur Wert, wenn
er vom „reinen Herzensglauben“ getragen ist, der da ist ledig=
lich ein Glaube aus Liebe zu Gott und „geradezu gleich“ mit
der Liebe. In dieser Liebe aber sucht der einzelne nie „seine
Sache“, er will von Gott nichts „verdienen“, um „Gottes
Huld zu erringen“, sondern „alles umsonst tun“ und „ohne
Verdienst“, alles von Gott „umsonst“ erhalten.

Entäußert sich durch diesen reinen Herzensglauben der
Mensch auf der einen Seite aller Selbstsucht, allen „Suchens
der eigenen Sache“, so gelangt er auf der anderen Seite
zur vollen Freiheit seiner Innerlichkeit. Keine Autorität der
Welt kann ihm diesen Glauben, der allein „von inwendig“
fließen soll, geben, in diesem Glauben für ihn eintreten. „Da
steht jeder einzelne für sich allein, sein Glaube wird verlangt,
jeder soll für sich Rechenschaft abgeben und seine Last tragen.“
Dieser spontan aus der inneren Eigentat fließende Glaube
duldet keinen Zwang. Für alle Zeit fordert Luther darum
der Autorität gegenüber: „Niemand soll zum Glauben ge=
zwungen werden“, oder: „Ich will es nit leiden, daß Men=
schen neue Artikel des Glaubens setzen.“

Wie die Beziehung auf Gott diesen Glauben über alle
Willkür erhebt, weil er in der Liebe nur das „Wohlgefallen
Gottes“ ohne „Lohn und Verdienst“ sucht, so erhebt ihn die
Beziehung auf die persönliche Innerlichkeit über allen Zwang

und verbürgt die wahre Freiheit des Gewissens. „Darum
hüte dich und laß kein Ding so groß sein auf Erden — ob es
auch Engel vom Himmel wären —, das dich wider dein Ge=
wissen treibe von der Lehre, die du als göttlich erkannt hast.“
Wie auf diese Weise das selbständige Gewissen selbst zum
„reinen Herzensglauben“ und damit zum Prinzip und Kern
des Glaubens überhaupt wird, so wird es auch zum Prinzip
und zur letzten Richtschnur unseres Handelns. In den „reinen
Herzensglauben“, nicht in den äußeren Erfolg, das „Werk“,
ist der sittliche Wert jetzt verlegt; und von der innerlichen
Glaubensgesinnung, der „Gutheit“ der Gesinnung emp=
fängt das „Werk“ selbst erst seinen sittlichen Wert. In der
Handlung „suchen wir“, sagt Luther, „den, der nicht getan
wird, wie die Werke, sondern den Selbsttäter und Werk=
meister, der Gott ehrt und die Werke tut“.... „Darum sind
die zwei Sprüche wahr: Gute fromme Werke machen nim=
mermehr einen guten frommen Mann, sondern ein guter
frommer Mann macht gute fromme Werke. Böse Werke
machen nimmermehr einen bösen Mann, sondern ein böser
Mann macht böse Werke. Also daß allerwege die Person
zuvor gut und fromm sein muß vor allen guten Werken und
gute Werke folgen und ausgehen von der frommen guten
Person.“ Wie damit alle materialistische Erfolgsmoral aufs
herrlichste überwunden ist, so wird auch klar, wie Luther das
Wesen des „guten Werkes“ faßt, und wie ungereimt es ist,
zu behaupten, er „verböte gute Werke“. Die wenigen zi=
tierten Sätze müssen genügen, um zu zeigen, daß eben zwi=
schen „gutem Werke“ und „gutem“ Werke, d. h. zwischen der
altkirchlichen und der Lutherischen Auffassung ein himmel=
weiter Unterschied ist, der selbst dann nicht verkannt werden
dürfte, wenn Luther nicht ausdrücklich zwischen dem „Werke
an ihm selbst“ und dem „Zusatz“ oder der „Meinung“, d. h.
der Gesinnung, aus der das Werk fließt, unterschieden hätte.

Wird damit die sittliche Wertentscheidung allein in den Glau=
ben, den guten Willen, nicht in den äußeren Erfolg gesetzt,
so ist damit keineswegs, wie das die gegnerische Ansicht be=
hauptet, dem äußeren lebendigen Leben Teilnahmslosigkeit
und Verständnislosigkeit entgegengesetzt. Genau das Gegen=
teil ist richtig.

Noch niemals vor Luther ward in der Geschichte mit sol=
cher Klarheit und Tiefe der unbedingte Wertgehalt des Wil=
lens von dem immer nur zeitlich bedingten der Willensinhalte,
die immer nur die geschichtlichen Zeitzusammenhänge liefern,
unterschieden, noch nie ward darum auch vor Luther der
historischen Wertbedingtheit so Rechnung getragen, wie vom
Reformator selbst. Mit unmißverständlicher Klarheit finden
wir von ihm ausgesprochen, daß sittliche Inhalte in der Ge=
schichte in ihrem Werte wechseln und bedingt sind, daß die
allein unbedingt gute Gesinnung über sie fortschreiten, neue
Inhalte sich erobern und für ihre Betätigung ergreifen muß:
„Obschon Heiligenerheben vorzeiten gut gewesen wäre, so
ist es doch jetzt nimmer gut, gleichwie viele Dinge vorzeiten
gut gewesen sind und doch nun ärgerlich und schädlich, als da
sind Feiertage, Kirchenschatz und Zierden."

Gerade weil aber die sittliche Gesinnung des selbständigen
Gewissens nicht immer und ewig an die in den „guten Wer=
ken" der Kirche statutarisch festgelegten Inhalte gebunden ist,
gerade darum kann sie sich überall und immer im lebendigen
Leben auswirken, sich an jedem Lebensinhalte betätigen.
„Weil denn das menschliche Wesen und Natur kein Augen=
blick sein mag ohne Tun und Lassen, Leiden oder Fliehen
(denn das Leben ruht nimmer, wie wir sehen), wohlan, so hebe
an, wer fromm sein will, und übe sich selbst in allen Leben
und Werken zu allen Zeiten an diesem Glauben; lerne stetig=
lich alles in solcher Zuversicht tun und lassen, so wird er fin=
den, wieviel er zu schaffen hat und nimmer müßig werden

darf, weil der Müßiggang auch in des Glaubens Übung und Werk geschehen muß."

So wird für Luther der Glaube im Sinne des Prinzips der Freiheit des Gewissens und der persönlichen Innerlichkeit zugleich zum Prinzip des sittlichen Handelns der freien sittlichen Persönlichkeit, so daß diese sich eben als den „Selbsttäter" ihrer Taten betrachten kann.

Wie die Freiheit des Gewissens das Prinzip des sittlichen Handelns der freien Persönlichkeit ist, so ist sie auch das Prinzip der menschlichen Gemeinschaft, in der allein der einzelne sich sittlich in dem ewig lebendigen Leben betätigen kann. „Denn der Mensch lebt nicht allein in seinem Leibe, sondern unter Menschen auf Erden." Wie daraus schon dem „reinen Herzensglauben" stets und ständig Inhalte der Betätigung erwachsen, so erhält er auch auf die Gemeinschaft seine Anwendung als Prinzip der Freiheit dieser Gemeinschaft; und zwar nach zwei Seiten hin: Negativ liegt diese Bedeutung in der Freiheit vom Zwange des Gewissens, die in der Forderung, man solle „Gewissen nit treiben und martern", ihren Ausdruck findet. Positiv wiederum ist es das Gebot der christlichen Liebe, das den letzten und tiefsten Grund der Gemeinschaft bildet. Hier findet bei Luther der ewige Wahrheitsgehalt dieses Gebotes seinen erhabensten Ausdruck. Der Sinn der Heilighaltung der Persönlichkeit liegt in dem Gebote der christlichen Liebe zum Unterschiede von der natürlichen Liebe, die nicht geboten werden kann, und erweist die christliche Liebe oder „Nächstenliebe" als „quellende Liebe". „Ein Christenmensch soll seine Liebe nicht schöpfen von der Person, wie die Weltliebe tut." Seine Liebe muß eine „quellende Liebe" und darum „von inwendig aus dem Herzen geflossen sein". Darum ist die sittliche Persönlichkeit als Träger des sittlichen Handelns dem eigenen Gewissen allein verantwortlich und in ihrem Glauben frei. Weil ihr aber jede andere Persönlichkeit Gegen-

stand der Liebe, der auch des anderen Freiheit heilig ist, der
darum auch der andere ein Gegenstand der sittlichen Behand=
lung ist, so macht sich jeder freie „Christenmensch" auch frei=
willig dem andern dienstbar. Er ist also rücksichtlich seines
eigenen Gewissens und „reinen Herzensglaubens" ein „freier
Herr aller Dinge und niemand untertan" und rücksichtlich der
Liebe zum Nächsten ein „dienstbarer Knecht aller Dinge und
jedermann untertan".

So näherte sich auch Luthers glaubensvolle Seele immer
mehr dem Ideale der „geistlichen" Gemeinschaft, der „un=
sichtbaren Kirche", immer weiter drängt sie die Ansprüche
der „leiblichen" Gemeinschaft, der „sichtbaren" Kirche zurück.
Und wenn diese auch nie ganz überwunden, das Ideal nie
rein dargestellt ist, der Weg zu ihm ist ebenfalls schon ge=
wiesen: „Vor allen Dingen will ich gar freundlich gebeten
haben, auch um Gottes willen, alle diejenigen, so diese Ord=
nung im Gottesdienste sehen oder nachfolgen wollen, daß sie
ja kein nötig Gesetz daraus machen, noch jemandes Gewissen
damit verstricken oder fahen, sondern der christlichen Freiheit
nach ihres Gefallens brauchen, wie, wo, wann und wielange
es die Sachen schicken und fordern."

Die ganze Kraft seiner Überzeugung liegt aber bei Luther
in letzter Linie in seiner Gottesidee verankert. Hier führt uns
Luther, so wenig er sich sonst der Metaphysik geneigt zeigt,
gerade an die tiefsten metaphysischen Fragen heran. So sehr
hier auch noch alles der Ausgleichung und Widerspruchslosig=
keit entbehren mag, so sehr drängt es doch auch ihn zu jener
metaphysischen Kernfrage, wieweit die Wurzeln seiner freien
Persönlichkeit ins Metaphysische reichen. Sie aber spitzt sich
ihm dahin zu: wie die sittliche Freiheit mit der Allmacht, wie
die sinnliche Unfreiheit mit der Güte Gottes, wie, modern
gesprochen, Determinismus mit Indeterminismus verein=
bar sei. Und dieser Frage sucht der Reformator Herr zu wer=

den durch die hochbedeutsame Unterscheidung zwischen der
„geistlichen" und „leiblichen" Natur des Menschen. So wahr
ihm „der Welt Lauf" bloß als Gottes Mummerei, darunter
er sich verbirgt und in der Welt so „wunderlich regiert und
rumort", gilt, so wahr Gott für Luther alles „durch uns tut,
und wir nur seine Larven sind, unter welchen er sich verbirgt
und alles in allem wirkt", so sehr fordert er doch die „Freiheit eines Christenmenschen". Und er darf die Verbindung
beider gegensätzlicher Betrachtungen vollziehen; denn „ein
jeglicher Christenmensch ist zweierlei Natur, geistlicher und
leiblicher". Mag immerhin die Persönlichkeit letztlinig ihrem
Wesen nach in der Gottheit wurzeln, so wurzelt doch die Tat
der Persönlichkeit wiederum in dieser selbst, die als Person
dem Werke vorangeht. Wie die Gottheit sich zur Persönlichkeit des Menschen, so verhält sich diese zu ihrer Tat. Mag der
Mensch nur Werk und Werkzeug Gottes sein, so ist sein Handeln nur Werk und Werkzeug der Darstellung seiner glaubens-
vollen Gesinnung. So determiniert sein Handeln in „der Welt
Lauf" sein mag, so ist es doch auch hier determiniert durch
ebendiese glaubensvolle Gesinnung. Und gerade weil es durch
sie determiniert ist, ist es auch von ihr in seinem Werte bestimmt. So unausgeglichen und so wenig widerspruchsfrei
hier auch bei Luther noch gar manches ist, so bahnt sich doch
ein Problem an, bereitet sich sogar schon eine Art der Lösung
vor, die beide — Problem und Lösung — in der Gedanken-
welt des größten deutschen Philosophen fast zweieinhalb
Jahrhunderte nach Luther die tiefste Ausgestaltung finden
sollten.

So ungemein bedeutsam für das ganze moderne Geistes-
leben die neue sittlich-religiöse Grundanschauung Luthers
war, so konnte sie ihre geschichtliche Wirkung doch nur tun im
engen Anschluß an die geschichtliche Dogmengestaltung. Wie
Luther in seiner eigenen Persönlichkeit Altes und Neues nicht

ohne Gewaltsamkeit verbindet und sich trotz seiner reforma=
torischen Mission in engster Abhängigkeit vom kirchlichen
Dogmengehalt historisch bedingt erweist, so bedingt er selbst
in gleicher Weise die weitere geschichtliche Entwickelung der
protestantisch bestimmten Philosophie nach ihm. Es ist histo=
risch äußerst interessant, wie es ein Zeichen der außerordent=
lichen Wirkungsgewalt der Persönlichkeit Luthers ist, daß sich
die beiden Gegensätze seines eigenen Wesens und seiner eige=
nen Grundanschauung wieder finden in den beiden moral=
und religionsphilosophischen Richtungen, die an die Refor=
mation unmittelbar anknüpfen. Dem dogmatisch gebundenen
Luther als Erneuerer des alten Dogmas entspricht bei aller
sittlich=religiösen Freiheit doch in der ethisch=religionsphilo=
sophischen Epoche der Philosophie eine schulmäßig auf phi=
losophische Grundlegung der kirchlichen Dogmen gerichtete
Philosophie, die die Historiker geradezu als protestantische
Scholastik anzusprechen pflegen. So spricht mit Recht der
größte Historiker der Philosophie unserer Zeit von der „prote=
stantischen Schulphilosophie". Dem auf die persönliche Ver=
innerlichung und auf die Freiheit des „reinen Herzensglau=
bens" gerichteten Reformator Luther dagegen entspricht eine
auf Freiheit und Verinnerlichung gerichtete Tendenz der
Philosophie, die man zum Unterschiede von der mittelalter=
lichen Mystik, über die sie sich durch die Lutherische Anschau=
ungsweise erhebt, als protestantische Mystik bezeichnen kann.

§ 2. Die protestantische Scholastik.

Das Schicksal der ersten protestantischen, an Luther an=
knüpfenden Philosophie ist nicht ohne eine gewisse innere
Tragik. Der Bruch mit der alten Kirche hatte bei Luther auch
zu einem Bruche mit der größten philosophischen Autorität
dieser Kirche geführt. Dem reichen großen Herzen des Refor=
mators war auch die Leidenschaftlichkeit des Hasses nicht

fremd. Und groß wie in allem, konnte er auch groß in seinem Hasse sein. Es war kein kleinliches Nörgeln, das er dem Aristoteles entgegensetzte, sondern eine mächtige innerlichste Abneigung. Aristoteles galt ihm persönlich als „elender Mensch", „Lügner und Bube", als der „verdammte hochmutige Heide". So sehr er sich gegen dessen Person kehrte, noch mehr kehrte er sich gegen seine Philosophie; und nur dieser Philosophie wegen lehnte er seine Person ab. Das Urteil des Reformators über die Aristotelische Philosophie ist ebenso hart, wie unrichtig. Den faden Schwätzer Cicero stellt er über Aristoteles: „Cicero übertrifft Aristotelem weit in Philosophie und Lehren." Er sprach der Aristotelischen Lehre allen Wert ab und hielt das Urteil über die Werke des Aristoteles nicht zurück, „daß ein Töpfer mehr Kunst hat von natürlichen Dingen, denn in denen Büchern steht".

Allein die neue Lehre konnte einer philosophischen Grundlegung doch nicht entraten. Ein originaler Denker erstand ihr aber in ihren ersten Anfängen für eine systematisch-philosophische Grundlegung nicht. So groß Luther selbst ist, so viel er auch für die Ethik und Religionsphilosophie bedeutet, für das System der Philosophie will und kann er nichts bedeuten. Was blieb der neuen Kirche übrig, als sich willig wiederum der geschichtlichen Tradition für ihre philosophischen Bedürfnisse anheimzugeben? So heftig ihn Luther bekämpft hatte, er mußte selbst wieder mit Aristoteles Versöhnung schließen. Er mußte sich dem ebenso milden, wie für die Organisation der Kirche weitblickenden Melanchthon fügen. So edel dieser treue Gefährte Luthers war, so streng er zu der neuen Lehre hielt, ein selbständiger philosophischer Denker war er nicht. Auf philosophischem Gebiete bedurfte er der Autorität. Und da er denn eine bessere Autorität nicht fand, mußte Melanchthon (1495—1560) jenes bekannte Wort als Parole ausgeben: „Carere monumentis Aristotelis non possumus", und

Luther mußte sich selbst, so sehr er ihn verschmäht, dem Aristo=
teles fügen.

So wurde fürs erste, solange aus der neuen Gemeinschaft
nicht selbst originale philosophische Denker hervorgingen,
Aristoteles wiederum zum philosophischen Führer auch der
neuen Kirche, wie er dies für die alte gewesen war; freilich
mit dem großen Unterschiede, daß der Lutherische Geist der
Freiheit sich in absolute Fesseln niemals schlagen ließ. Aristo=
teles wurde zwar der philosophische Führer auch für die neue
Kirche, wie er dies in der alten gewesen war; aber er ist dies
nicht für die neue geblieben, wie er es in letzter Linie doch für
die alte geblieben ist.

Für Melanchthon schon, der zwar die Parole zur Rück=
kehr zum Aristoteles gegeben, war doch dessen Autorität von
Anfang erheblich geringer als für die alte Kirche. Luthers
Wort: „Der Heilige Geist ist größer wie Aristoteles“, war
schließlich doch auch Melanchthon aus der Seele gesprochen.
Aber — und hier unterschied er sich vom Reformator und
machte diesen selbst fügsam — beiseiteschieben wollte und
konnte er den Aristoteles nicht. Er suchte dessen philosophische
Anschauungen dem neuen Glaubensgehalt dienstbar zu
machen. So räumte er der Vernunft ein größeres Recht ein,
als es ursprünglich der Reformator beabsichtigt hatte. So sehr
er, wie Luther selbst, an der unbedingten Geltung der „Hei=
ligen Schrift“ festhielt, so appelliert er doch auch an das „na=
türliche Licht“ der Vernunft, das Gott in der Form von dem
menschlichen Geiste angeborenen Wahrheiten dem Menschen
bei der Schöpfung mitgegeben. Der Sündenfall hat es ge=
schwächt. Darum bedurfte der Mensch der göttlichen Offen=
barung, weil die geschwächte Vernunfterkenntnis für ihn
nicht ausreicht. Danach bestimmt sich für Melanchthon das
Verhältnis von Vernunft und Offenbarung einheitlicher und
harmonischer, als es ursprünglich für Luther möglich war.

Vernunft und Offenbarung stehen von vornherein nicht im Gegensatz, sondern fordern einander zu wechselseitiger Ergänzung. Wegen der Schwäche der menschlichen Einsicht bedürfen wir der Offenbarung. Diese kommt jener zu Hilfe. Sie steht darum nicht mit ihr in Widerspruch. Wenn freilich das Denken mit der Offenbarung in Widerspruch gerät, dann muß es seine Ansprüche vor dieser zurücktreten lassen, da sie göttlichen Ursprungs ist. Widersprüche mit der Offenbarung sind nicht in der Offenbarung, sondern im menschlichen Denken verschuldet. Dieses ist darum auf der einen Seite der Offenbarung unterzuordnen. Auf der anderen Seite bedarf aber die Offenbarung auch der dem Menschen von Gott verliehenen natürlichen Einsicht, damit die Offenbarung in ihrer Notwendigkeit zur Ergänzung des natürlichen Denkens überhaupt erkannt werden kann. Wie, gewollt oder ungewollt, bei Luther in der Freiheit des Gewissens oder des „reinen Herzensglaubens" dem Schriftglauben gegenüber das natürliche Licht seinen sittlichen Ausdruck gefunden, so macht nun auch Melanchthon gerade für das ethische Gebiet die natürliche Einsicht geltend, und zwar so sehr, daß selbst in seinen theologischen Gottesbeweisen der sittliche Faktor eine erhebliche Stellung einnimmt.

Die von Luther und Melanchthon vollzogene ethisch-religiöse Verselbständigung des Menschen teilte sich auch den übrigen Lebensgebieten mit. Es ist vor allem das des Rechts, auf dem dem natürlichen Menschen Rechnung getragen wurde. Nur zwei bedeutende Namen seien anstatt vieler hier erwähnt. Johannes Althusius (1557—1635) erweiterte den Lutherischen Gedanken der ethischen Gemeinschaft auf das Rechtsgebiet und bildet ihn hier zur Idee der Rechtsgemeinschaft des Volkes fort. Danach ist der einzelne zwar den Gesetzen der Allgemeinheit unterstellt; die Gesetze der Allgemeinheit sollen aber Gerechtigkeitsgesetze gegen den einzelnen sein. Das Volk

ift damit auch) nur einer auf das Wohl des Volkes gerichteten
Regierung unterworfen. Sobald die Regierung aber gegen
das Wohl des Volkes dieses zu lenken sucht, geht sie der Leitung
der Allgemeinheit verlustig. Melanchthons Unterscheidung
zwischen göttlicher Offenbarung und Vernunft finden wir
auf dem Rechtsgebiete vielleicht in der deutlichsten Abstrak=
tion vollzogen bei Hugo Grotius (1583—1645). Bei ihm
entspricht der Offenbarung das göttliche, der Vernunft das
menschliche Recht. Die Vernunft hat im menschlichen Rechte
innerhalb des Staates eine erhebliche Freiheit. Es ist streng=
genommen eigentlich nur der monotheistische Glaube ganz all=
gemein, was der Staat von den Staatsbürgern in Anspruch)
zu nehmen berechtigt ift.

§ 3. Die proteftantifche Myftik.

Bei aller fittlich=religiöfen Freiheit hatte es doch selbst die
neuere Scholaftik nicht auch zu einer echten moral= und reli=
gionsphilofophifchen Freiheit bringen können. Sie war
in rein philofophifcher Hinficht, genau befehen, hinter Luthers
Unmittelbarkeit in ihrer Reflexion weit zurückgeblieben. Zu
der Gebundenheit durch die Schrift kam noch die durch den
Ariftotelismus hinzu. Darum mußten nun gleich die erften
inneren Krifen einfetzen. Schon Taurellus (1547—1606)
war mit einer heftigen Bekämpfung des Ariftoteles auf den
Plan getreten. Ja, er wollte den Gegenfatz von Vernunft
und Offenbarung überbrücken und beide in einer philofophi=
fchen Bafierung der chriftlichen Religion zur fyftematifchen
Einheit zufammenfaffen, die ihn auch über jede konfeffionelle
Einfchränkung stellen follte. Allein feinem bedeutfamen und
edlen Wollen fehlte in jeder Hinficht das Können. Er gelangte
über die negative Kritik nicht hinaus, und die Gefchichte der
Philofophie erfuhr von ihm keine pofitive Förderung. Diefe
follte ihr von jener Richtung kommen, die man zum Unter-

schiebe von der katholischen als protestantische Mystik zu bezeichnen pflegt. In ihr wird der Reformator Luther gegen
den Dogmatiker Luther mehr und mehr herausgekehrt. Vor
allem wird aus dem Lutherischen Prinzip des „reinen Herzensglaubens" die Konsequenz gegen den Schriftglauben gezogen, die notwendig gezogen werden mußte, um über Luthers eigenen Zwiespalt hinauszugelangen. War vom Standpunkte des Reformators aus zu der Frage nach der Autorität
der Schrift selbst zwar nur ein, wenn auch gewaltiger Schritt,
so hatte ihn jener selbst doch nicht mehr getan. Da setzte nun
die Mystik ein.

Schwenckfeld (1490—1561) vor allem wandte sich gegen
das starre Schriftbekenntnis. In dem hartnäckigen Versteifen
auf das geschriebene Wort sah er eine katholisierende Ver-
äußerlichung. Er erkannte die Gefahr, die dem lebendigen
innerlichen Glauben durch den Glauben an Worte erwachsen
mußte. Und als einzig wesentlich und wertvoll ließ er den
innerlichen Glauben als unmittelbar von Gott in jedem einzelnen gewirkte Glaubensüberzeugung gelten. Mit der Lutherischen Unterscheidung von „geistlicher" und „leiblicher"
Christenheit machte er so vollkommen Ernst, daß er einen absoluten Wert nur der „geistlichen" innerlichen Kirche zuer-
kannte, die äußere aber als etwas durchaus Relatives ansah
und durch den lebendigen Glauben überwunden wissen
wollte. Auch das war durchaus eine Konsequenz aus jener
früher erwähnten Forderung Luthers an „alle diejenigen, so
diese Ordnung im Gottesdienste sehen oder nachfolgen, daß
sie ja kein nötig Gesetz daraus machen, noch jemandes Gewissen damit verstricken oder fahen, sondern der christlichen
Freiheit nach ihres Gefallens brauchen, wie, wo, wann und
wielange es die Sachen schicken und fordern". Allein der Reformator hatte die Konsequenz in ihrer Reinheit bei seiner
dogmatischen Gebundenheit an die Schrift nicht vollkommen

ziehen können. Daß Schwenckfeld sie zog, war ein Verdienst.
Bezeichnend für das Verhältnis beider ist es, daß Schwenck=
feld an dem Punkte, der die dogmatische Bindung Luthers
besonders bestimmte, eine philosophisch interessante Wendung
vollzog, die die Unterordnung des Schriftglaubens unter den
innerlichen persönlichen Glauben zum deutlichen Ausdruck
bringt. Diese Wendung bezieht sich auf das Dogma der Er=
lösung. Schwenckfeld postuliert auch die Menschwerdung
Christi, aber er gibt ihr einen ganz anderen Sinn, als der Re=
formator. Er fordert ihre Vollziehung in jedem einzelnen,
eine Menschwerdung Christi in jedem Menschen immer und
überall. In dieser Weise gewinnt auch die innerliche Christen=
heit, die „geistliche" Kirche Luthers eine noch freiere Bedeu=
tung. So interessant dieser Gedanke in philosophischer Hin=
sicht ist, so ist doch nicht zu verkennen, daß Schwenckfeld —
und das brachte ihn auch in die schwierige Stellung zur Theo=
logie seiner Zeit — selbst die geschichtliche Bedeutung der
„äußerlichen" Kirche auch für die „innerliche" nicht richtig
würdigen konnte, und daß er gerade darum an Wirkungs=
gewalt auch nicht von ferne an den Reformator heranreicht.

Ebenso frei, wie Schwenckfeld, in gewissem Sinne noch
freier, steht dem Dogmenglauben der Schrift Franck (1500
bis 1545) gegenüber. Man kann seine Ansicht sogar als die
fortbildende Grundlegung der Schwenckfeldschen Anschauung
ansehen. Er begründet die Unterordnung des Schriftglaubens
unter die innere Überzeugung nicht nur aus dieser selbst, son=
dern auch damit, daß die Inhalte der schriftlichen Offenba=
rung nicht eigentlich tatsächliche Offenbarung sind, die sich
eben nicht schreiben, sondern nur innerlich erleben lassen. So
sind ihm die Offenbarungen der Schrift nur Symbole und
Zeichen für die wirkliche und innerliche Offenbarung. Diese
aber vollzieht sich immer und überall in jedem einzelnen. Ge=
rade darum ist sie nicht an geschriebene Bücher gebunden,

sondern wird von Gott jedem Menschen ins Herz geschrieben.
Nicht aus Schriftsatzungen, sondern aus der lebendigen In-
nerlichkeit fließt die wahre Glaubenstat, die dem Leben des
Menschen sittlich=religiösen Wert gibt.

Hier wird, was implizite ja bei Schwenckfeld in seiner
Auffassung von der Menschwerdung, daß sie nicht ein ein-
maliges historisches Faktum, sondern ein dauernder Prozeß
sei, enthalten war, explizite deutlich gemacht und zugleich
verallgemeinert. Die Menschwerdung ist nur ein besonderer
Fall, den Franck in Konsequenz zu seinem Prinzip freilich
genau ebenso betrachten muß, wie Schwenckfeld: Gott wird
überall da Mensch, wo der Mensch, wie z. B. Sokrates und
Jesus, sich ganz Gott hingibt.

Die interessanteste Erscheinung innerhalb der protestantischen Mystik ist der zu Seidenberg bei Görlitz in Schlesien
im Jahre 1575 geborene Jakob Böhme. Von innerlichster
Frömmigkeit beseelt, lernte er auf der Wanderschaft, die er
als Handwerksbursche — seines Zeichens ein Schuhmacher —
lange und weithin ausdehnte, neben der religiösen Literatur
auch die naturphilosophischen Strömungen, die zu seiner Zeit
bereits die weitesten Kreise gezogen hatten, kennen. Sie
übten mächtigen Einfluß auf ihn, so daß er in seinem Geiste
die Verbindung von Religionsphilosophie und Naturphilosophie vollzog, und, zwar nicht chronologisch, so doch sachlich
den Übergang von der ethisch=religionsphilosophischen zur
naturphilosophischen Richtung darstellte. Seine Gedanken
legte er in einer Reihe von Werken nieder, nachdem er von
der Wanderschaft heimgekehrt war. Seinem Handwerk blieb
er treu, wohl aber mit größerer Leidenschaftlichkeit widmete
er sich seiner gedanklichen Arbeit. Diese brachte ihm ebenso
die Anfeindungen der Orthodoxie, wie die Bewunderung der
mystisch gerichteten Zeitgenossen und Naturphilosophen. Neben Hans Sachs wohl der berühmteste Meister seines Hand-

werks, gelangte er zu geiftigem Anfehen und Ehren bereits zur Zeit feines Lebens, das im Jahre 1624 feinen Abfchluß fand.

Luthers Gedanken, daß Gott alles in allem wirkt, er= weiterte er zum Weltgedanken. Er kann fich darum für einen echten und wahren Lutheraner halten und betonen, nicht „Heide", obwohl „Philofoph", zu fein. Seine Weltvorftellung ift aber bereits die Copernicanifche. Da er aber über Coperni= cus hinausgegangen ift und die Endlichkeit der Welt durch= bricht, fo gelangte er, mochte er es zugeben oder nicht, über die kirchlichen Anfchauungen wenigftens feiner Zeit weit hin= aus. So aber ward ihm die Wirkfamkeit Gottes erft zur All= wirkfamkeit im wahren Sinne des Wortes, in der allein Gottes Herrlichkeit offenbar wird. Die unendliche Welt ift Offen= barung und Werk Gottes in feiner eigenen Unendlichkeit.

Freilich ift diefe Welterkenntnis des frommen Schufters von merkwürdiger Phantaftik. Wie der Myftik früher fchon die wahre Gottesfchau allein aus der Seele fließen follte, fo foll nun diefem frommen Denker auch die Natur als das Werk und die Offenbarung Gottes nur aus der Innenfchau der Seele erkannt werden können. So zeigt fich das Verhäng= nisvolle des Beginnens, auch das für die Naturerkenntnis in Anfpruch nehmen zu wollen, was die religiöfe Erkenntnis für fich allein in Anfpruch nehmen darf, darin, daß äußere Beobachtung und Wahrnehmung von Böhme ausdrücklich abgewiefen wird. Es fteckt etwas Fauftifches in diefer religiös= gefinnten Naturauffaffung, wonach es Gott „geziemt", „Na= tur in fich, fich in Natur zu hegen", eine Natur, der man frei= lich nicht durch „Rechnen" und „Wägen" beikommt, die aber ebendarum gerade doch nicht die „Natur" der Forfchung und Wiffenfchaft ift.

Auf der andern Seite gewann freilich für Böhme, fo fehr das Recht der Wiffenfchaft bei ihm verbürgt erfcheint, gerade wieder das religiöse Bewußtsein an Macht und Nachdruck durch diese Innenschau. Sie allein konnte ihm ein Problem lösen helfen, wozu alle Beobachtung und Forschung der Natur nicht ausreichte, ein Problem, das Jakob Böhme aber besonders am Herzen lag. Ihn quälte die Frage, wie das Böse in der Natur möglich wäre, wenn Gott der Urheber der Natur sei. Und hier gab ihm sein Inneres die Antwort, die freilich auch nur eben aus diesem Innern fließen konnte: Nichts kann „ohne Widerwärtigkeit ihm selbst offenbar werden". So ist denn auch „nichts in der Natur, so nicht Gutes und Böses inne ist". Die „Widerwärtigkeit", der Widerspruch ist das Prinzip der Weltoffenbarung Gottes, weltbewegendes Prinzip. So erinnert Böhme fast an Hegel, freilich in kindlicher Weise, wenn er in Gott selbst den Widerspruch angelegt sein läßt, so daß er, um sich in seiner Vollkommenheit offenbaren zu können, den Gegensatz des Unvollkommenen erzeugen müsse.

Böhme entwickelt nun die Darstellung einer Art von dialektischem Weltprozeß, in dem er ebenso der Drei-Einigkeit wie Himmel und Hölle, Engeln und Teufeln, der Erde und dem Menschen, den Sternen und allen „materialischen" Dingen seine Stelle anzuweisen sucht. Doch läßt der Denker hier seiner Phantasie zu sehr die Zügel schießen, als daß unsere knappe Darstellung ihm hier noch weiter folgen dürfte.

Wie der Ausgangs- und Mittelpunkt der sittlich-religiösen Erneuerung Deutschland gewesen war, so vollzieht sich auch die ethisch-religionsphilosophische Erneuerung auf deutschem Boden. Sie bleibt aber zunächst auch auf ihn beschränkt. Den in Genf (1553) verbrannten Arzt Servet wird man seines Gedankens wegen, Gott sei das Wesen aller Dinge, die Welt aber sei der Schein aller Dinge, nicht zur ethisch-religionsphilosophischen Epoche zählen dürfen. Da bei ihm nirgends ein positives Verhältnis, weder von Gott und Welt, noch von

Gott und Mensch erreicht wird, seine Anschauungen über=
haupt keine positive Bestimmtheit haben, wird man ihn,
allein seines Märtyrerschicksals wegen, doch überhaupt noch
nicht zur Philosophie, auch nicht zur Naturphilosophie zählen
dürfen. An der Naturphilosophie hat das deutsche Volk noch
wenig Anteil, so daß sich denn die weitere philosophische Ent=
wicklung zunächst hauptsächlich auf außerdeutschem Boden be=
wegt. In ihr bildet die Naturphilosophie die erste Epoche.

Zweites Kapitel.
Die spekulativ-dogmatische Naturphilosophie.

Ehe das Interesse des Menschen sich auf die Wissenschaft
von der Natur richten konnte, mußte es sich der Natur selbst
zugewendet haben. Damit der Mensch dereinst der Natur im
Begriffe Herr zu werden, sie begrifflich zu meistern suchen
konnte, mußte er sich selbst erst zuvor der Natur liebend hin=
gegeben haben. Dem rein wissenschaftlichen Verhältnis des
Menschen zur Natur geht eine Art religiösen Verhältnisses
voran. In ihm sucht der Mensch durch Selbstversenkung in
die Natur, durch Selbsterhebung zur Natur diese als wesen=
hafte Realität zu erfassen, ohne weiter auf die Möglichkeit
seines Beginnens zu reflektieren, ohne sich über die Art seiner
Reflexion klar zu werden. Er spekuliert, ohne Grenzen und
Tragweite seiner Spekulation zu erforschen; er spekuliert also
dogmatisch. Er tut es ohne strenge Methode; er denkt also
vorwissenschaftlich. Er gibt sich in seinem Fühlen und Schauen
der Natur liebend hin, versenkt sich in sie, erhebt sich zu ihr.
Es liegt in diesem Denken ein religiöser Zug. So tritt in der
Problementwicklung zwischen die ethisch=religionsphiloso=
phische Epoche und die eigentlich wissenschaftlich=philoso=
phischen Epochen der Philosophie die Epoche der Naturphilo=
sophie. War das in gewisser Weise bereits im Altertum der

Fall gewesen, so wiederholte sich, freilich in anderer Weise, dasselbe Verhältnis in der Neuzeit. Sie ging zwar auch auf das Altertum zurück, machte sich jedoch nicht, wie das Mittelalter, zum bloßen Nachbeter des Aristoteles. Wie auf dem ethisch=religionsphilosophischen Gebiete, so trat die neuere Zeit auch auf dem naturphilosophischen Felde selbständig auf.

§ 4. Die Auflösung der augenscheinlichen Weltanschauung.

So wenig die erste naturphilosophische Epoche auch exakt basiert ist, so wäre sie doch ohne eine der größten Taten der eben aufkeimenden exakten Wissenschaft nicht möglich gewesen. So fern diese Epoche immerhin der exakten Fragestellung und Methodik steht, ein Resultat der exakten Wissenschaft, eine astronomische Einsicht, die eine der größten Umwälzungen im Weltbilde der Menschheit bedeutet, setzt sie bereits voraus, ohne freilich — und darum steht sie eben der exakten Forschung noch fern und ist rein spekulativ — die einzelwissenschaftlichen Faktoren, die das Resultat bedingen, in sich aufgenommen zu haben.

Schon im Ausgange des Mittelalters hatte sich ein genialer Denker, Nikolaus von Cues (1401—1464), von der Weltanschauung des Augenscheins losgesagt. In der Geschichte des Unendlichkeitsproblems gebührt ihm ein hervorragender Platz. Was uns hier besonders interessiert, lediglich um die geschichtlichen Grundlagen der in Rede stehenden Naturphilosophie zu verstehen, das ist die Ausdehnung des Unendlichkeitsproblems vom mathematischen auf das astronomisch=physikalische Gebiet. Die Welt wird für Nikolaus von Cues ein einheitlicher, unendlicher Zusammenhang. Damit greift für ihn — und das ist ein eminent bedeutsamer Gedanke — die Erkenntnis sowohl hinaus über die einzelnen Sinnesdata, wie über die bloße Analyse des Verstandes, die nur Zusammenhängendes in seine besonderen Bestimmungen zerlegen

kann. Der Zusammenhang selbst aber wird durch bloße Zerlegung nicht erkannt, sondern ist für die Zerlegung schon notwendige Voraussetzung. So gewinnt er vom mathematischen
Problem des Unendlichen aus, dieses auf den Kosmos erwei-
ternd, eine neue Erkenntnisart, die sich eben auf den Zusammenhang selbst erstreckt. Und was die Analyse sondert
und als Gegensätze erkennt, das findet jene Erkenntnis als
Momente des einen unendlichen Universums, in dem alles
Einzelne zusammenhängt, und in dem die besonderen Bestimmungen des Einzelnen, die jedes Einzelne zum Gegensatze jedes anderen Einzelnen machen, insofern eben jedes
Einzelne das andere nicht ist, ausgeglichen werden. Nikolaus
von Cues bezeichnet diesen Ausgleich der endlichen Gegensätze im Unendlichen des Universums als coincidentia oppo-
sitorum. Sie fallen im Unendlichen zusammen, wie die
Peripherie des Kreises im Unendlichen mit seiner Tangente
zusammenfällt oder wie der Kreis selbst ein unendlichseitiges
Polygon ist. Die Ausdehnung des Unendlichkeitsproblems
vom mathematischen auf das astronomische Gebiet bei Nikolaus von Cues hilft die ganze weitere naturphilosophische
Entwickelung bedingen. Indem Nikolaus die Unendlichkeit
und Begrenztheit der Welt durchbricht, hebt er implizite zugleich die Ansicht, daß die Erde im Mittelpunkt der Welt
stünde, auf. Ja, er spricht Ahnungen über deren Gestalt und
Achsendrehungen aus.

Allein Nikolaus von Cues mußte bei Ahnungen stehen
bleiben, da ihm die Tatsachenkenntnisse noch allzusehr ab-
gingen. Immerhin wurde er doch der Vorläufer des Mannes,
der das neue Weltbild begründen sollte, des Copernicus
(1473—1543). So sehr nun Copernicus hinter dem Unend-
lichkeitsgedanken seines Vorläufers zurückblieb, so sehr über-
traf er ihn an wissenschaftlicher Begründung. Mochte er
immerhin die Welt noch als durch den Fixsternhimmel be-

grenzt ansehen, so schob er doch mit den Hebeln des wissen=
schaftlichen Denkens, nicht bloß in kühner Ahnung, die Erde
aus deren Mittelpunkt hinaus. Durch die Relativität der Be=
wegung machte er den Augenschein des gewöhnlichen Welt=
bildes psychologisch erklärlich, wie er das augenscheinliche
Weltbild selbst durch Erfüllung der Forderung einheitlicher
Tatsachenerklärung logisch hinfällig machte. Damit war,
was oft genug hervorgehoben worden ist, ein Beispiel von
der sieghaften Macht des Denkens über die Sinnlichkeit er=
richtet, wie es nie wieder überboten werden kann, ein Bei=
spiel der umwälzenden Kraft des mathematischen Gedankens,
dem sich nur noch die philosophische Tat Kants vergleichen
darf. Nikolaus von Cues hatte den Zusammenbruch der augen=
scheinlichen Weltauffassung vorbereitet, Nikolaus Copernicus
hat ihn vollendet. Sie gehören beide nicht der eigentlich natur=
philosophischen Epoche an. Aber beide sind, nicht zwar in ihrer
Begründungsweise, aber in den Resultaten ihres Denkens,
für jene die geschichtliche Voraussetzung. Ohne ihre gedank=
liche Tat wäre jene nicht zu verstehen.

Nur dieses Verständnisses wegen mußten wir beide
Männer hier kurz erwähnen. Beide sind Deutsche, ob des
einen Namen auch schon Gemeingut der ganzen Kultur=
welt ist. Hier dienten uns beide zur Vorbereitung der
eigentlichen Naturphilosophie, der sie nicht mehr angehören.
Sie führt uns aber auch auf lange über Deutschlands Gren=
zen hinaus.

§ 5. Die Anfänge der eigentlichen Naturphilosophie.

Wie die ethisch=religionsphilosophische Erneuerung nicht
sprunghaft in der Geschichte einsetzt, so trifft auch der durch
die Wissenschaft vollzogene Zusammenbruch des sinnenschein=
lichen Weltbildes die Philosophie nicht ohne alle Vorbereitung
auf eine Hinwendung zur Natur. Selbst im Mittelalter waren

Stimmen laut geworden, die die Natur nicht nur aus den
Schriften des Aristoteles, sondern aus eigener unmittelbarer
Naturbetrachtung kennen lernen wollten. Sie hatte schon
Roger Bacon gefordert, ohne freilich über die bloße Forde=
rung erheblich hinauszugelangen. Erfolgreicher war aber, ob=
wohl selbst noch durchaus aristotelischer Scholastiker, z. B.
Petrus Pomponatius (1462—1524). So abhängig er
vom Aristotelismus war, so ging er doch nicht mehr ganz in
diesem auf. Seine Naturauffassung insbesondere beginnt be=
reits sich derart zu verselbständigen, daß er namentlich in der
Psychologie zu durchaus naturalistischen, zum Teil sogar ma=
terialistischen Anschauungen gelangt, die er nicht ohne Ge=
waltsamkeit mit der Kirchenlehre freilich in Übereinstimmung
zu bringen sucht.

So hatte sich bereits, wie ja das Beispiel des Nikolaus von
Cues zeigt, im Mittelalter eine gedankliche Grundstimmung
vorbereitet und auch verbreitet — auch Pomponatius diente
uns nur als Beispiel —, die zu einer innigeren Hinwendung
zur Natur bereits den Weg bezeichnete. Einmal befruchtet
von dem Copernicanischen Gedanken, mußte auch die Weiter=
bildung der Philosophie, so wenig sie sich auch die Exaktheit
des Gedankens aneignete, wenn sie sich nur von ihm befruch=
ten ließ, zu den größten Umwälzungen auf dem Gebiete der
Naturanschauung fortschreiten.

Wie den Gedanken des Copernicus der Cusaner ahnungs=
voll vorbereitet hatte, so war es in der Geschichte der Philo=
sophie zuerst auch wieder der Anschluß an Nikolaus von Cues,
der der Wirkung des Copernicus die Wege ebnete.

Einen äußerst bemerkenswerten Einfluß des Cusaners
zeigt Hieronymus Cardanus (1501—1576). Sein Name
ist jedem aus dem mathematischen Unterrichte bekannt. Frei=
lich besaß er nicht nur die Kraft des mathematischen Denkens,
sondern auch einen sich ins Phantastische und Abenteuerliche

verlierenden Spekulationstrieb. Beide bestimmen seine Naturanschauung nach der einen Seite hin in der glücklichsten, nach
der anderen in der unglücklichsten Weise. So finden wir bei
ihm einerseits die bereits im Altertum beginnenden Anfänge
mathematischer und gesetzmäßiger Naturbetrachtung wieder
aufgenommen. Andererseits wird ihm die unendliche Welt
des Cusaners zu einem unendlichen geheimnisvollen Wesen,
der gesetzmäßige Zusammenhang der Natur zu einem Zusammenhang bald offen, bald geheimnisvoll wirkender Kräfte,
die auch in das Leben und Schicksal der Menschen wunderbar
übergreifen.

Eine ähnliche zwiespältige Anschauungsweise finden wir
auch bei Telesio (1508—1588). Was Nikolaus von Cues für
Cardanus, das bedeutet Copernicus für Telesio. Dieser stellte
sich von vornherein kühn auf den Copernicanischen Standpunkt. Und als sei er sich der methodischen Voraussetzungen,
die diesen Standpunkt als wissenschaftliches Ergebnis gezeitigt, vollkommen klar gewesen, verkündet er nicht nur,
daß die Erde sich um die Sonne bewege, sondern er fordert
ganz allgemein nüchterne Tatsachenerkenntnis, Experiment
und vorurteilslose Naturerfahrung. Allein so wertvoll
und bedeutsam diese Forderung nach der einen Seite ist,
so hat ihr doch andererseits Telesio selbst herzlich wenig ent-
sprochen.

Mit der bevorzugten Stellung des Menschen im Mittelpunkt der Welt, um den sich alles übrige der Natur drehen
sollte, war es ihm freilich zu Ende. Der Mensch war ein Ding
unter Dingen geworden. Aber als sollte er nun einmal dadurch nichts verlieren, so mußten, wenn der Mensch zu den
übrigen Dingen herabsteigen sollte, diese zugleich auch in gewisser Weise zum Menschen emporgehoben werden. Der Co-
pernicanische Standpunkt hatte freilich eine gewisse Annäherung des Menschen und der übrigen Naturdinge bedingt, in-

dem er diese nicht mehr bloß um jenen als ihren Mittelpunkt sich drehen ließ. Diese kosmische Gleichstellung ward aber heim= lich als eine gewisse Wertgleichstellung empfunden. Und als ob sie zunächst zu tragen peinlich gewesen wäre, mußten die Dinge außer dem Menschen gleichsam selbst auf ein menschen= würdiges Niveau gehoben werden. Was den Menschen bisher besonders ausgezeichnet hatte, das Seelische, das mußte nun auch allem anderen beigelegt werden.

So nahe diese Wendung bereits Cardanus lag, ausge= sprochen hat es doch erst für die Neuzeit wieder Telesio, daß eigentlich das ganze materielle Dasein beseelt sei. Er muß freilich verschiedene Stufen der Beseeltheit annehmen, aber spezifische Differenzen zwischen den materiellen Dingen be= zeichnen sie nicht. Der einfachsten Fähigkeit, Eindrücke zu empfangen, ist auch die Materie inne, und nur diese Fähig= keit dürfen wir unter Beseelung verstehen. Was wir beim Menschen Seele nennen, ist also nichts Immaterielles, son= dern nur eine Fähigkeit der Materie, die freilich um so größer ist, je dünner die Materie selbst ist. Die seelische Unterscheidung des Menschen von den übrigen Dingen ist also nur eine gra= duelle. So sind ihm die Dinge, wie er selbst den Dingen näher gebracht. Dabei scheint sich in der „Seele" des Telesio selbst eine Ahnung durchringen zu wollen. Die wissenschaftliche Er= kenntnis scheint seiner materialistisch=panpsychistischen An= sicht noch einige Schwierigkeit gemacht zu haben. Und es ist, als ob er dieser dadurch zu entgehen suchte, daß er die Erkennt= nis als Kombination von Eindrücken faßte. Über die materia= listische Phantastik kommt er aber nicht hinaus. Er führt sie sogar noch, zwar ohne sie zum System auszubauen, weiter und stellt eine Art von Weltentwicklungsprozeß dar, der aber über die Grenzen des Interesses, das wir an seiner Anschauung nehmen dürfen, hinausliegt.

§ 6. Höhepunkt und Ausgang der Naturphilosophie. — Giordano Bruno und Campanella.

Die Gedanken eines Hieronymus Cardanus und Telesio bildeten ein mehr oder minder zusammenhangvolles Aggre= gat. Zur Einheit des philosophischen Systems waren sie indes nicht zusammengeschlossen.

Erst Giordano Bruno entwirft ein planvolles Ganzes seiner Anschauungen, und sein gewaltiger Geist faßt diese zu einem System der Naturphilosophie zusammen, um deren Wesen auf dieser Epoche der Entwicklung am reinsten aus= zuprägen.

Wenn wir bei Bruno von einem System reden, so soll das nicht heißen, er habe in einem einheitlichen Werke seine Ge= danken zusammengefaßt, ein sogenanntes „System der Philo= sophie" geschrieben. In diesem Sinne hat auch er, wie sein trefflicher deutscher Übersetzer, A. Lasson, richtig bemerkt, „kein allseitig geschlossenes System hinterlassen". Allein in seinem Geiste hat er, so sprunghaft oft auch sein Denken war, ein System erlebt. Und so wahr seine Schriften der Ausdruck seines überzeugungsvollen Geistes sind, so wahr stellen sie in ihrer Gesamtheit sein wahrhaft erlebtes, nicht künstlich zu= sammengezimmertes System dar.

Giordano Bruno ist als Denker die bedeutendste, als Persönlich= keit die interessanteste Erscheinung der ersten naturphilosophischen Entwicklungsreihe, die in ihm ihren Höhepunkt erreicht. Im Jahre 1548 zu Nola in Kampanien geboren, empfing er seine erste Bildung im Kloster, wo in seinem Vaterlande zu seiner Zeit noch die Wissen= schaft ihr armseliges Dasein fristete. In jungen Jahren schon (im Jahre 1563) wählte er selbst das Ordensgewand. Allein sein Geist wuchs über die klösterliche Beschränktheit rasch hinaus. Seine her= vorragende Begabung, wie seine freie Gesinnung mußten ihn bald in Widerspruch bringen mit einer Umgebung, die Geist und Gesin= nung in gleicher Weise zu knechten bemüht war. Erst nach vielfacher Verdächtigung entschließt er sich zur Flucht. Nun begann für ihn ein unruhiges Wanderleben. Ohne an einem bestimmten Orte länger zu verweilen, gelangte er in die Schweiz, nach Frankreich, England, Deutschland. Schließlich kehrte er nach Italien zurück. Durch elenden Verrat wurde er der Henkerinstitution der Kirche, der „heiligen Inquisition", ausgeliefert. Sein eigenes Schicksal erfüllte so das Wort, mit dem er einen seiner herrlichen Dialoge eröffnet: „Gleich den nur an das Dunkel gewöhnten Verbrechern, die aus finsterem Gewahrsam an das Tageslicht hervortreten, werden viele Nachtreter der herkömmlichen Philosophie und auch sonst gar mancher vor dem neuen Lichte leuchtender Gedanken scheu erbeben und dann in Wut geraten."

Auch Brunos „herrliche Sonne" mußte, um wieder mit seinen Worten zu reden, „den Augen der Nachteulen um so hassenswerter und peinlicher" erscheinen, „je schöner und herrlicher sie gerade an und für sich" war.

Darum mußte ihn die Inquisition ergreifen, darum mußte sie ihn in jahrelangem martervollen Gewahrsam halten, weil sie sein Licht nur mit „den Augen von Nachteulen" anzusehen, d. h. eben nicht zu ertragen vermochte. Darum mußte er streben. Er starb am 17. Februar 1600 „citra sanguinis effusionem", wie der „humane" Ausdruck lautete, oder, wie wir besser auf gut deutsch sagen: als Märtyrer seiner Überzeugung, verzehrt von der Flamme des Scheiterhaufens, den ihm die christliche Liebe der „heiligen Inquisition" errichtete, als Asche in alle Winde zerstreut.

Als letztes Wort, das er seinen Peinigern zugerufen haben soll, wird von ihm berichtet: „Ihr, die ihr gegen mich das Urteil gesprochen, schwebt in größerer Furcht denn ich, der ich es empfange."

Wie Hieronymus Cardanus den Cusaner, Telesio den Copernicus in Italien rezipiert, so nimmt Giordano Bruno sowohl den Nikolaus von Cues, wie den Nikolaus Copernicus in seinem Geiste auf und verstattet auch Telesio einen nicht unerheblichen Einfluß auf die Ausgestaltung seiner von strenger Wissenschaftlichkeit zwar weit entfernten, aber von einer unvergleichlichen Kraft der Phantasie getragenen Weltanschauung.

Im Mittelpunkte dieser Weltanschauung steht der von Nikolaus von Cues überkommene Gedanke des „Unendlichen", der bei Bruno sich mehr und mehr zum Gedanken des „All-Einen" ausprägt, das „alles in allem wirkt". Der

Gedanke des „Alles-in-allem-wirkens", der Allwirksamkeit, war uns bei Luther in wörtlicher Übereinstimmung begegnet. Allein er hat beim Reformator die rein religionsmetaphy= sische Funktion im christlichen Sinne. Bei Bruno schwingt in diesem Gedanken allerdings auch ein religiöses Motiv mit. Doch ist sein Grundgedanke nicht nur etwa im Gegensatz zu seiner Kirche, sondern in ausgesprochen feindlicher Tendenz gegen das ganze Christentum auf das rein spekulativ=natur= philosophische Gebiet gewendet und gewinnt auf diesem seine volle metaphysisch=pantheistisch=naturalistische Entfaltung:

Jedes Einzelne in der Natur weist hin auf eine Ursache. Wie aber jedes Einzelne, das als solches ein Endliches ist, auf eine einzelne endliche Ursache zurückführt, so führt die Totalität alles Einzelnen, die nicht endlich, sondern un= endlich ist, auf eine oberste Ursache, die ebenfalls nicht endlich, sondern unendlich sein muß, zurück. Sie muß unendlich sein, da sie sich in der unendlichen Totalität ihrer Wirkungen sonst erschöpfen müßte. Sie muß der tiefste Urgrund sein, „aus dem die Gesamtheit aller Wirkungen stammt". Dieser Ur= grund ist darum die „absolute Realität" selbst, und er ist „alles auf absolute Weise".

Das Absolute, Unendliche aber entfaltet sich „ohne Zahl und Maß" in der Natur, dem Universum. Das aber heißt nicht: die Natur ist das bloße Geschöpf des Absoluten. Sie ist strenggenommen nur das entfaltete Wesen der „absoluten Realität", die selbst an sich das nichtentfaltete, sondern ent= faltende Wesen ist. Die „absolute Realität" und die Natur sind nicht zwei verschiedene Dinge, sondern sind eines und ebendasselbe, nur in verschiedener Funktion; jene ist das Un= endliche und Eine in seinem selbst nicht entfalteten Sich=selbst= entfalten, diese ist das Unendliche in seinem Entfaltet=sein. Alle „Entfaltung" des absoluten „Prinzips" ist eine Ent= faltung zur Natur. Die Entfaltung des Prinzips bedarf aber

auch Prinzipien der Entfaltung, nach denen jenes sich zur
Natur entfaltet.

„Die Natur aber gleichet der Kunst." Wie in der Kunst
Form und Materie wirksam sind, so sind in der Natur ebenfalls Form und Materie wirksam; und sie sind die Prinzipien
der Entfaltung der „absoluten Realität". Form und Materie
sind aber — das unterscheidet die Natur von der Kunst —
nichts Selbständiges neben der absoluten Realität, nicht selbständige Absoluta außer ihr, sondern Seiten ihres Wesens,
Vermögen der Entfaltung des Absoluten. Die Form ist das
„wirkende Vermögen", die Materie ist das „leidende Vermögen". Beide sind überall, aber nicht als ein Teil des absoluten
Wesens, das eines und unteilbar ist, sondern „ganz in jedem
Teil" als Vermögen der absoluten Realität, der sie als Vermögen oder Entfaltungsprinzipien immanent sind.

Das „immanente Formprinzip" aber ist Leben und
lebendige Tätigkeit. Also ist die absolute Realität auch der
Urgrund alles Lebens, also Gott, Weltvernunft. Darum ist
„die Welt in ihren Gliedern belebt". Da aber die Form ein
der absoluten Realität immanentes Prinzip ist, ist alles Leben
und aller Geist — das unterscheidet Bruno vom Spiritualismus — nichts Eigenes, kein Eigenwesen, sondern eine Seite
der Gottnatur: göttliche Tätigkeit, die „alle Dinge beseelt".

Die Tätigkeit aber bedarf etwas, an dem sie sich betätigt.
Die Form bedarf der Materie, um als etwas an etwas
auch etwas tun und wirken zu können. Darum entfaltet der
Weltgrund sich notwendig zur Materie, die aber selbst nichts
Absolutes, sondern ein aus dem Absoluten Abgeleitetes ist
— das unterscheidet Bruno vom Materialismus — wie die
Form, eine Seite der Entfaltung des göttlichen Wesens.

So steht Bruno ebenso jenseits von Spiritualismus, wie
von Materialismus, und als ausgesprochener Monist kann er
glauben: „Wenn wir die Stufenleiter der Natur herabstei-

gen", so werden wir zwar auf ein Doppeltes, ein Geistiges
und ein Materielles, geführt, sie selbst aber führen zurück auf
„ein Wesen und eine Wurzel". Dies eine Wesen bestimmt
durch seine Prinzipien der Entfaltung, durch Form und Ma=
terie, alle Dinge und gestaltet sie in „verschiedenen Stufen".
Die reine Form tritt in Wirksamkeit, um das Einzelne zum
Ganzen zu gestalten, und im Ganzen gewinnt sie als materie=
gestaltendes Prinzip Ausdehnung, in der sie selbst an die
Materie gebunden wird. Da aber das Formprinzip sich in
keiner Formstufe erschöpft, ist seine Mitteilung an die Aus=
dehnung selbst nicht ausgedehnt, wie auch das materiale Prin=
zip als Prinzip der Ausdehnung selbst nicht ausgedehnt ist.
Ausgedehnt in eigentlichem Sinne sind allein die durch Form
und Materie gestalteten Dinge. Sie werden durch „Zahl und
Maß" bestimmt, damit sich das Unendliche im Endlichen durch
Form und Materie darzustellen vermag. So lebt und webt das
Unendliche im Endlichen, und das Endliche allein durch das
Unendliche, das sich in seiner Entfaltung zur Welt darstellt
als „das Vermögen aller Vermögen, das Leben aller Leben,
die Seele aller Seelen, das Wesen aller Wesen". Da durch
dieses alle Dinge sind und leben, so ist, „was sonst sich wider=
spricht und entgegen ist, in ihm eines und gleich und dasselbe".
Weil die absolute Realität alles ist, so ist sie nicht bloß dieses
oder jenes. „Um alles zu sein, darf sie nicht etwas Bestimmtes
sein." Alles Besondere ist nicht absolut real, sondern nur Be=
stimmung der absoluten Realität selbst, in dieser aber auch be=
festigt und verankert. Ebendarum kann auch das Einzelne nicht
eigentlich und schlechthin vernichtet werden. Es kann allein
die besondere Form wechseln. Weil aber das All=Eine sich
vermöge seiner Entfaltungsprinzipien von Form und Ma=
terie zum Einzelnen entfaltet, in diesem selber lebt und webt,
wie dieses in ihm lebt und webt, so erwächst dem Einzelnen
in seiner Besonderheit ein aus dem Unendlichen fließender

Wert. Jedes Einzelne ist eine besondere Darstellungsweise des All-Einen. Darum ist die konkrete Totalität alles Einzelnen durchgängig individuell und alles Einzelne schlechthin einmalig. In dieser Einmaligkeit, in der sich der Gedanke der individuellen Bestimmtheit aller konkreten Wirklichkeit mit voller Energie geltend macht, nennt Bruno das Besondere Monade. Sie ist das im Unendlichen gegründete metaphysische Minimum, zum Unterschiede vom physischen Minimum, dem Atom, wie zum Unterschiede vom mathematischen Minimum, dem Punkt. Wie aber Form und Materie überhaupt als die Entfaltungsweisen des Unendlichen nicht zerstört werden können, so ist alle Zerstörung und Vernichtung, wie sie sich dem Sinnenschein bietet, nur ein Wechsel ihres selbst nicht wechselnden, unendlichen Zusammenwirkens.

Darum schreitet auch die Entfaltung des Unendlichen und Einen fort von Weltsystem zu Weltsystem, ohne daß die Welt selbst, die Natur sich je in dem ewigen Wechsel erschöpfte. Unser Weltsystem ist nur eines unter unendlich vielen. Bruno mußte nicht nur im Anschluß an Copernicus, dessen Lehre er mit Begeisterung ergriff, die Erde aus dem Weltmittelpunkt rücken, da in seiner unendlichen Welt die Vorstellung eines Mittelpunktes sinnlos wurde, er konnte hier überhaupt keinen Zentralkörper dulden, und in kühnem Gedankenfluge ließ er aus seinem Unendlichen Sonnen auf Sonnen, Sonnensystem auf Sonnensystem in unendlichem Prozeß hervorgehen. Von der ewigen Notwendigkeit des Unendlichen wird dieser Prozeß getragen. Aber diese Notwendigkeit ist, so streng mechanisch sie ist, doch zugleich auch durchaus zweckvoll, da das Lebensprinzip der Welt ja zugleich Weltvernunft ist. So lebt in der Welt und dem ewigen Weltprozeß zugleich göttliches Vernunftleben, und alles Einzelne ist nicht bloß lebendig beseelt, sondern mit allem anderen Einzelnen in ewiger Harmonie des Ganzen. So unvollkommen das Einzelne auch für sich be-

trachtet erscheinen mag, so vollkommen ist es doch im Zu=
sammenhange mit dem Ganzen. Und wenn der tiefere Blick
des Forschers sich auf das Ganze richtet, erhebt er sich über
die Schranken seiner Endlichkeit, gibt er sich in unendlicher
Seligkeit dem Ganzen hin und strebt in unendlicher Liebe
seinem eigenen ewigen unendlichen Urgrund zu. Die Er=
kenntnis wird ihm zur Liebe, zur Seligkeit, zur Religion.

Campanella (1568—1639), den wir an den Ausgang
dieser Epoche stellen können, hält den Unendlichkeits= und
Einheitsgedanken fest, aber er nimmt ihm die pantheistische
Zuspitzung. Seine Weltanschauung stellt einen eigenartigen
Versuch dar, die Gegensätzlichkeit von Immanenz und Tran=
szendenz zu überwinden und beide miteinander zu verbinden.
Die Welt stellt eine Verbindung von absoluter Realität und
dem Nichts dar, ist von Gott aus dem Nichts geschaffen, aber
sie hat durch und in der Unendlichkeit Gottes selbst einen ein=
heitlichen unendlichen Zusammenhang. Wenn darum auch
alle Dinge am Nichts teilhaben, so haben sie doch auch alle
an Gott teil, und es ist keines von Gott verlassen. Jedes lebt
in Gott, und Gott lebt in ihm. Darum führt jedes auch ein
echtes und wirkliches Leben, es ist beseelt.

Auch ihm ist die Empfindung die Fundamentalform der
Allbeseelung, ja sie ist eigentlich die universelle Beseelungs=
form. So sehr ihm darum selbst das Erkennen in seinen höch=
sten Funktionen nichts anderes zu sein scheint, ja nichts anderes
sein kann, als eine Art und Weise des Empfindens, so darf
man doch in Campanella nicht ohne weiteres einen Sensua=
listen sehen. Jedenfalls ist er weder ein Sensualist im antiken,
noch im modernen Sinne. Denn bei ihm ringt sich, wenn auch
mehr als Ahnung, als in der Form strenger Begründung der
Gedanke durch, daß wir in der Erkenntnis zwar empfinden,
aber doch zugleich auch vom Empfinden wissen und daß das
Wissen vom Empfinden mehr ist, als das Empfinden, das als

subjektiver Zustand über die Beschaffenheit des Objekts uns
noch nicht besagen würde, was uns das Wissen wirklich be=
sagt. Mögen diese Gedanken auch mehr ahnungsvoll als wis=
senschaftlich sein, so sind sie doch sehr bedeutsam. Es liegt in
letzter Linie in ihnen der Versuch vor, die Erkenntnis psycho=
logisch zwar von der Empfindung aus zu verstehen und doch
zugleich zu einer objektiven Gültigkeit der Erkenntnis zu ge=
langen, die über der subjektiven Sphäre steht, wie ja auch die
Einheit und Unendlichkeit seiner objektiven Welt der subjek=
tiven Empfindung entrückt sind.

Mag in seine Allbeseelungslehre auch Aberglaube und
Dämonenmystik mit hineinwirken, so liegt doch in seiner Er=
kenntnislehre ein Versuch vor, der ein bleibendes Interesse
verlangen kann.

Drittes Kapitel.
Die vorwiegend rational gerichtete Philosophie.

**§ 7. Die Vorbereitung der wissenschaftlich = philosophischen
Problemstellung auf dem Gebiete der exakten Wissenschaft. —
Galilei.**

In ihrem wissenschaftlich-systematischen Werte ist die Phi=
losophie immer bestimmt durch ihr Verhältnis zur positiven
Wissenschaft. Mag das in abstracto im Laufe der geschicht=
lichen Entwicklung zwar erst verhältnismäßig spät ausge=
sprochen worden sein, so ist der geschichtliche Zusammenhang
philosophischer Problementwicklung selbst doch bereits immer
bedingt durch die Beziehung auf die Problemstellung der
positiven Wissenschaft.

So interessant darum immerhin die naturphilosophische
Epoche sein mochte, einen wissenschaftlichen Gehalt
konnte die philosophische Tendenz der Hinwendung zur Natur
doch erst gewinnen, wenn sie sich zu einer Hinwendung auf

die Wissenschaft von der Natur gestaltete, wenn sie nicht bloß gewisse Resultate dieser Wissenschaft aufraffte und sie einfach in eine zwar großartige, aber doch nur kühnster Phantasie eigentümliche Spekulation verwob, sondern aus der Struktur und dem Erkenntnisgehalt der Wissenschaft selbst ihr Problem zu gestalten suchte.

Je nachdem nun die Philosophie zunächst sich mehr auf den einen oder den anderen der in der Methode der positiven Wissenschaft wirksamen Faktoren, den rationalen oder den empirischen, richtete, war sie selbst zunächst vorwiegend rational oder empirisch bestimmt, bis erst Kant in seinem System Rationalismus und Empirismus zum Ausgleich brachte, wie beide Elemente in der positiven Wissenschaft ja in Wahrheit wirksam sind. Denn so wahr es rein rationale Wissenschaften, wie Logik und Mathematik, gibt, so wahr gibt es keine rein empirischen positiven Wissenschaften. Das Dogma der „reinen Erfahrung" war längst, ehe es in der Philosophie als Dogma verkündet wurde, überwunden gerade durch die positive Wissenschaft. Blieb jene Dogmenverkündigung erst unserer Zeit vorbehalten, so hatten doch bereits die ersten großen Taten der positiven Wissenschaft aufs glücklichste gezeigt, daß alle Erfahrungswissenschaft zum mindesten die Gesetze der Logik und zum größten Teil die der Mathematik voraussetze, auf Grund deren die positive Wissenschaft allein zur exakten Wissenschaft zu werden vermochte.

Wenn nun auch die wissenschaftliche Philosophie zunächst vorwiegend nach der einen oder der anderen Richtung tendierte, so konnte sie doch auch schon auf ihren Anfängen in letzter Linie nicht ohne Beziehung auf beide sein. Es handelt sich nur um ein Überwiegen des einen vor dem anderen, was das Verfahren der Philosophie bestimmt, bis auf der Höhe des Kantischen Denkens erst beide Faktoren in den philosophischen Problemkreis ausdrücklich selbst als Probleme

einbezogen werden konnten. Eigentlich ward also der Philo=
sophie bereits von den Anfängen der exakten Wissenschaft der
neuesten Zeit diese Aufgabe bestimmt. Nur bewegte sich die
Lösung der Aufgabe zunächst mehr nach der einen oder der
anderen Richtung prävalierend, bis sie im Gedanken des
Kritizismus in ihrem ganzen Umfange ergriffen wurde. Frei=
lich war diese Aufgabe durch die exakte Wissenschaft zunächst
nur impliziert; deren Sache war und ist ja auch nicht die phi=
losophische Explikation dieser Aufgabe. Allein die exakte For=
schung war von Anbeginn der neueren Zeit für die philoso=
phische Explikation von der allergrößten Bedeutung und
Fruchtbarkeit. Es war ein exakter Forscher allerersten Ranges,
der hier bestimmend wurde, Galilei, und das, wodurch er
bestimmend wurde, war seine Methode.

Galileis überragende Größe und Bedeutung liegt selbst
auf dem Gebiete der exakten Forschung. Allein sie charakte=
risiert sich gerade durch eine tiefe philosophische Besinnung.
Zwar hat es in der geschichtlichen Betrachtung eine Zeit ge=
geben, da es hätte einer Rechtfertigung zu bedürfen scheinen
können, Galilei auch als Philosophen zu betrachten. Heute
aber, nach der hier ganz besonders entscheidenden vortreff=
lichen Arbeit von Natorp, nach den grundlegenden geschicht=
lichen Werken von Windelband, den neuesten eindringenden
Untersuchungen von Dühring, Riehl, Cassirer, Hönigswald
u. a. dürfte es eher einer Entschuldigung bedürfen, wollte man
in der Geschichte der Philosophie Galilei keinen Platz ein=
räumen. Auch das philosophiegeschichtliche Studium hat sich
ihm zuwenden müssen; und mehr und mehr wird sich die Über=
zeugung befestigen müssen, daß Galilei gerade auf seinem
exakten Gebiete die wissenschaftlich=philosophische Fragestel=
lung vorbereitet hat.

Galileo Galilei ist im Jahre 1564 in Pisa geboren. Mathe=
matik, Naturwissenschaft und Philosophie nahmen sein Interesse

schon früh in Anspruch. In seinem Mannesalter zeitigte sein Geist jene fundamentalen Entdeckungen und Erkenntnisse überhaupt, die ihn den Größten im Reiche des Gedankens beigesellen. Seine hohe geistige Eigenbedeutung mußte auch ihn dem Vormundschaftsgerichte der Kirche verdächtig machen, und seine Stellungnahme zur Tat des Copernicus zog ihm, so wenig entschieden und energisch nach außen sie war, das Ketzergericht der Inquisition zu. Galilei war von der Erkenntnis des Copernicus innerlich ohne Zweifel überzeugt und wußte sie für seine eigene Naturanschauung fruchtbar zu machen. Und doch „unterwarf er sich löblich". Mag so seine Nachgiebigkeit der rohen Gewalt gegenüber sein Charakterbild trüben, er entschädigte — zweifellos wäre ja auch er ohne die „löbliche Unterwerfung" citra sanguinis effusionem geopfert worden — die Geschichte durch die Ausarbeitung seiner letzten Werke. Dieser Arbeit widmete er sich in stiller Zurückgezogenheit, aus der ihn im Jahre 1642 sein Tod abberief.

Wie für die dogmatisch-spekulative Naturphilosophie, so ist auch für Galilei die Philosophie „in der Natur geschrieben". Allein sie ist ihm in ganz anderen Lettern, wie für jene, geschrieben. Ihre „Buchstaben" sind „die geometrischen Figuren", wie er einmal sagt, und „die Zahlen", wie er ein anderes Mal hinzufügt. In diesen Worten kündigt sich bei dem gemeinsamen Zug zur Hinwendung auf die Natur das fundamental Unterscheidende in der Art dieser Hinwendung an. Auch Galilei will in der Natur lesen; aber nicht in gefühlvoller Selbstversenkung, sondern in wissenschaftlicher Anschauung und in wissenschaftlichem, die Anschauung bestimmendem Begriff. Wenn er die Philosophie als „in der Natur geschrieben" sucht, so bezeichnet er damit den Ausgang seines Philosophierens; wenn er die Schriftzüge der Natur in „geometrischen Figuren" und in „Zahlen" sucht, bezeichnet er sowohl den Weg oder die Methode, wie das Ziel seines Philosophierens.

Der Ausgangspunkt ist für Galilei die Erfahrung im Sinne der Beobachtung und Feststellung eines Tatsächlichen. Allein die bloße Beobachtung und Feststellung einer Tat-

sache, ja noch so vieler Tatsachen ist ihm noch nicht wissen=
schaftliche Erfahrung. Diese muß die Tatsachen verstehen und
begreifen. Das aber bedeutet ihm, sie als gesetzmäßig erken=
nen. So entdeckt sich für Galilei das Gesetz als die grund=
legende Voraussetzung aller wissenschaftlicher Erfahrung.
Hier beruft sich Galilei — woran ich nicht mit Natorp zwei=
feln möchte — allen Ernstes auf Platon: Um wissenschaftlich
erfahren zu können, muß die Wissenschaft die alle Erfahrung
gründende und darum selbst nicht umgekehrt auf Erfahrung
zu gründende Gesetzlichkeit voraussetzen.

Diese für die Wissenschaft — soll diese nicht selbst aufge=
geben werden — unaufgebbare Einsicht bestimmt nun Gali=
leis Methode, die, wie diejenige Platons selbst, die analy=
tische ist: Ihr Ausgangspunkt ist zwar das empirisch Tatsäch=
liche, aber eben nur ihr Ausgangspunkt. Ihr Ziel ist die Ein=
sicht in die gesetzmäßige Bedingtheit dieses empirisch Tatsäch=
lichen. Zweierlei Gesetzlichkeiten aber sind vor allem ihre Vor=
aussetzung. Alles empirisch Tatsächliche ist Größe, durch Zahl
oder geometrische Figur bestimmt. Und weiter muß es als
notwendig bedingt angesehen werden, um wissenschaftlich
auf seine Bedingungen zurückgeführt werden zu können. Die
Einsicht in die gesetzmäßige Bedingtheit und Bestimmtheit
des empirisch Tatsächlichen setzt also immer als Grundlagen
voraus einmal die in Zahlen und geometrischen Figuren sich
darstellende mathematische Gesetzlichkeit, die aller Erfahrung
zugrunde liegt, sodann das ebenfalls aller Erfahrung eben zu=
grunde liegende, also nicht selbst empirische, sondern allgemein
rationale Gesetz des Bedingens, d. i. das allgemeine Kau=
salgesetz, als Regel des Geschehens überhaupt.

Auf Grund dieser allgemeinen, zwischen dem Tatsäch=
lichen zusammenhangstiftenden Voraussetzungen analysiert
nun das wissenschaftliche Denken den tatsächlichen Einzelfall,
um zu entdecken, in welcher Weise dieser in seiner inhaltlichen

Bestimmtheit durch jene allgemeinen zusammenhangstiftenden
Gesetzlichkeiten bedingt ist. Das Mittel zu dieser Entdeckung,
d. h. das eigentliche Werkzeug der Analyse ist das Experiment.
Dieses enthüllt nun die den einzelnen Fall bestimmende Ur=
sache, d. h. das allgemeine Kausalgesetz in seiner bedingenden,
nach ihrer Größe zu bestimmenden Funktion für das tatsäch=
lich Gegebene oder das inhaltlich und mathematisch be=
stimmte Naturgesetz, das durch seinen bestimmten
Kausalinhalt dem allgemeinen Kausalgesetze und
der mathematischen Gesetzlichkeit gegenüber ein be=
sonderes, dem einzelnen Fall gegenüber ein selbst
allgemeines Gesetz ist. Denn weil nach dem allge=
meinen Kausalgesetze jede Ursache ihre Wirkung und
jede Wirkung ihre Ursache fordert, so ist das Natur=
gesetz das Gesetz aller in bezug auf einen bestimmten
Kausalinhalt gleichen Fälle, müßte doch jede kausal=
inhaltliche Variation selbst ihre Ursache haben. So
führt auf der einen Seite das Experiment durch Zerlegung
eines Kausalinhaltes in seine Bedingungsfaktoren zum in=
haltlich bestimmten Naturgesetz, wie dieses andererseits auch
jederzeit durch das Experiment verifiziert werden kann. Zu=
gleich ist das inhaltlich bestimmte Naturgesetz ein Spezialfall,
wie der Kausalität, so auch der mathematischen Bestimmtheit,
so daß allgemeine mathematische und Kausalgesetzlichkeit sich
in ihm als seine logischen Bedingungen verbinden.

Ist also das Experiment auch nur einmal korrekt, d. h.
unter genauer Berücksichtigung und Präzisierung des Tat=
sacheninhaltes durchgeführt — der Revision dieser Präzisie=
rung muß es sich stets offen halten —, dann ist das Ergebnis
der Untersuchung gesichert, ohne fernerer Beobachtung zu be=
dürfen. Die Tatsache der Beobachtung ist im Experiment auf
ihre Bedingung zurückgeführt und kann immer im Experi=
mente wieder aus ihrer Bedingung bestimmt werden.

Hier zeigt sich deutlich, wie unendlich hoch Galilei über jener Anschauung steht, die die Induktion auf einer bloßen Anhäufung einzelner Fälle gründen will. Dieser „Empiris= mus" hat in Galileis Anschauung keinen Raum. Seine ana= lytische Methode zeigt vielmehr als die allein wahrhaft auch für die Induktion grundlegende Funktion das Kausalgesetz als den rationalen Faktor auch des induktiven Wissens auf.

Die Bestimmung der Naturgesetze aber hat für Galilei nichts zu tun mit dem Suchen nach „okkulten Qualitäten", geheimnisvollen mystischen Kräften, sondern ist allein die quantitativ=mechanische Fragestellung, so daß der Kraftbe= griff bei Galilei selbst seine exakt=physikalische Prägung er= hält, insofern sich in ihm als der konkreten Anwendung des Gesetzesgedankens mathematische und kausale Gesetzlichkeit verbinden. Es kommt ihm, wie das am besten das Beispiel seiner epochemachenden Entdeckung der Fallgesetze zeigt, le= diglich an auf die Größe der Wirkungsfähigkeit. In der Frage nach ihr präzisiert sich die Frage nach der physikalischen Ur= sächlichkeit. Wie also die wissenschaftliche Erfahrung des all= gemeinen Kausalgesetzes als ihrer Grundlage bedarf und das Experiment auf dieser Grundlage die kausalbedingte Abfolge des Tatsächlichen ermittelt, so bedarf sie der allgemeinen ma= thematischen Gesetzmäßigkeit als Grundlage — die also auch ihrerseits nicht auf der Erfahrung umgekehrt erst begründet werden kann, was Galileis echter Platonischer Gedanke ist —, um danach jene kausalbedingte Abfolge des Tatsächlichen exakt bestimmen, die physikalische Ursache als Größe der Wir= kungsfähigkeit auf einen mathematischen Ausdruck bringen zu können. Die Kraft wird ihm so in echt wissenschaftlichem Sinne zur Bewegungsquantität, und sie bedarf, um ihren Ausdruck zu finden, nur der bewegten physikalischen Substanz, wie wir heute sagen, der Masse, so daß Galilei die mathema= tisch=mechanische Methode zum Prinzip der Naturforschung

erheben, die Qualitäten auf Quantitäten reduzieren und Einheit und Zusammenhang der Natur nicht in einer mystisch-
wesenhaften Anschauung, sondern im Charakter des Gesetzes
suchen konnte. Das war das unvergängliche Resultat seines
analytischen Verfahrens, vom Gegebenen auszugehen, sich
dabei aber nicht zu beruhigen, sondern es zum Problem zu
machen, um es aus seinen Grundlagen zu verstehen.

Damit hatte er aber auch für die Philosophie jene fundamentale Fragestellung inauguriert, die bei Descartes ihre
philosophische Entfaltung finden sollte, um der Philosophie
selbst einen wissenschaftlichen Gehalt zu gewährleisten.

§ 8. René Descartes.

Leibniz erkennt unter seinen Vorgängern keinen an, der
sich außer Galilei noch mit Descartes vergleichen könne. Und
treffend erkennt der gleichgerichtete Geist von Leibniz den ver-
wandten Zug im Denken von Galilei und Descartes. Er liegt
in der mathematischen Denkweise. Wir können darum den
Leibnizschen Satz auch umkehren und sagen: Außer Descartes kann sich vor Leibniz kein Denker mit Galilei vergleichen. Er ist in der neueren Zeit mit Galilei und Leibniz der
bedeutendste Denker überhaupt, mit Leibniz der bedeutendste
Philosoph vor Kant. Was Galilei für die Methodologie, das
bedeutet Descartes für die Erkenntnistheorie und Metaphysik, und er bedeutet das gerade durch den ihm mit Galilei
gemeinsamen methodologischen, auf die mathematische Denkweise gerichteten Zug. Selbst ein hervorragender Bahnbrecher
auf mathematischem Gebiete, der Begründer der analytischen Geometrie, sucht Descartes die Philosophie dem Ideale
mathematischer Gewißheit anzunähern. Aber die Mathematik ist ihm nicht nur das wissenschaftliche Vorbild und Ideal,
ihre Gewißheit ist ihm nicht nur auch sein philosophisches
Ziel; auch ihre Methode, und das ist das Bedeutsame der

einzigartigen Leistung des Descartes, weist ihm den Weg seines Philosophierens. Dabei zeitigt ihm dies nicht allein, wie bei Galilei, selbst wieder philosophisch-methodologische Resultate, sondern wird ihm auch in erkenntnistheoretisch-metaphysischer Hinsicht bestimmend. Dem Begründer der analytischen Geometrie wird die analytische Methode der eigentliche Hebel der Gesamterkenntnis, das Werkzeug seines erkenntnistheoretisch-metaphysischen Denkens. Wie bei Platon, nur in verschärfter Zuspitzung und präziserer begrifflicher Fassung, bricht bei Descartes das Bewußtsein durch, daß der deduktive Weg der Mathematik freilich die regia via zwingender Gewißheit sei, daß die Mathematik von ihren Grundlagen her mit höchster Klarheit und Deutlichkeit ihre Erkenntnisse entwickele, daß aber die Grundlagen der Mathematik selbst der Aufdeckung bedürfen, und daß diese geleistet werde durch die analytische Methode, die vom Problem her die Bedingungen der Lösbarkeit ermittele, um durch immer weitere logische Problemanalyse zu den höchsten Bedingungen mathematischer Erkenntnis zu gelangen und so eben jene Grundlagen aufzudecken, die für den deduktiven Teil die axiomatischen Voraussetzungen sind. Indem Descartes diese Fragestellung von der mathematischen Erkenntnis auf das Problem der Erkenntnis überhaupt ausdehnt, wird er für das philosophische Gebiet ebenso bahnbrechend, wie er es für das mathematische geworden ist.

René Descartes ist im Jahre 1596 geboren. Seine Schulbildung erhielt er auf der Jesuitenniederlassung La Flèche. Dem mathematischen Unterricht widmete er hier schon sein ganzes Interesse. Dagegen erwachte in ihm bereits auf der Jesuitenschule gegen alle übrigen Wissensgebiete ein unüberwindlicher Zweifel. Nachdem er die Schule absolviert, wurde er, wohl mehr dem Wunsche seiner Familie als seiner eigenen Neigung folgend, Soldat. Als Offizier führte ihn die Kriegslage seiner Zeit auch nach Deutschland. Er fand aber auch als Soldat immer noch Muße, seinen mathematischen und philosophischen Studien sich zu widmen. Um die Mitte der dreißiger

Jahre seines Lebens zog er sich aber ganz von seiner militärischen Laufbahn zurück, um ausschließlich seiner wissenschaftlichen Arbeit zu leben. Als grüblerisch-einsame Natur suchte er die Einsamkeit. Er begab sich nach Holland, um ganz als wissenschaftlicher Einsiedler zu leben. Er floh den Ruhm, der ihm folgte, wechselte, um vor der großen Welt möglichst verborgen zu sein, auch möglichst oft seinen Wohnsitz in Holland. Doch mochte Holland selbst ihm immerhin als der günstigste und sicherste Boden für seine wissenschaftliche Muße erscheinen. Wenn er es gelegentlich auch mehrmals zum Zwecke von Reisen in seine Heimat, oder auch nach England und Dänemark verließ, so waren das doch eigentlich nur Unterbrechungen seines holländischen Aufenthaltes selbst.

Allein seine Lehre zog auch schon zu seinen Lebzeiten immer weitere Kreise. So eifrig er den Ruhm mied, er konnte ihm nun einmal doch nicht entgehen, und mit ihm auch der Anfeindung nicht. Selbst im protestantischen Holland fühlte er sich nicht mehr sicher. Seine Lehre ward den „Rechtgläubigen" innerhalb des Protestantismus nicht minder zuwider, wie denjenigen innerhalb des Katholizismus. Selbst der Hof der Großen schien dem die Ruhe suchenden, die Einsamkeit liebenden Denker bei aller Bewegtheit des höfischen Lebens, sofern die Großen selbst nur edel und freiheitlich gesinnt wären, die wissenschaftliche Muße eher verbürgen zu können, als das vom Dogmenhader zerklüftete bürgerliche Leben. Wie er schon früher zum Hofe vom Haag glückliche Beziehungen gewonnen, so knüpften sich solche auch an mit der gebildeten Tochter Gustav Adolfs, Christine von Schweden. Mit ihr stand Descartes bereits im Briefwechsel. Da wünschte die Königin, ihn als ihren persönlichen Lehrer an ihren Hof zu ziehen und seine persönliche Hilfe zur Gründung einer wissenschaftlichen Akademie zu gewinnen. Dem Philosophen konnte in seiner Lage kaum etwas erwünschter kommen, als die aus wissenschaftlichen Motiven erfolgende königliche Einladung. Descartes nahm sie dankbar an. Doch nur wenige Monate sollte er sich der königlichen Huld erfreuen. Seine schwächliche Gesundheit war den Anforderungen, die der Klimawechsel an sie stellte, nicht gewachsen. Er fiel einer schweren Erkrankung zum Opfer und starb am 1. Februar 1650.

Descartes hat mit unzweideutig klaren Worten das Ziel seines Philosophierens dahin bestimmt, daß von Anfang an seine Untersuchung auf die „obersten Grundlagen" gerichtet sein müsse, „um Festes und Bleibendes für die Wissenschaft darauf zu errichten". Und „die Gesamtheit der Wissenschaft ist nichts anderes als die menschliche Erkenntnis selbst. Diese aber bleibt eine und ebendieselbe, auf welche verschiedene Gegenstände sie immer auch angewendet werden mag, gleich= wie das Licht der Sonne eines bleibt, welche verschiedene Gegenstände es auch immer bescheinen mag." Damit ist in der Geschichte der Philosophie eine Fragestellung gewonnen, die als solche schon epochemachend ist und für die ganze weitere Entwicklung des philosophischen Denkens bestimmend geblie= ben ist bis auf unsere Zeit, und die alle ferneren Entwicklungen zu beherrschen hat. Theoretisch ist in ihr die mathematisch= physikalische Fragestellung Galileis zur erkenntniskritischen erweitert und praktisch das sittliche Autonomieprinzip Luthers zum Prinzip autonomer Forschung erhoben durch die Me= thode, die die theoretische Fragestellung Descartes' erfordert.

Das Problem Descartes' bilden also recht eigentlich die obersten Grundlagen (prima fundamenta), auf denen allein Festes und Bleibendes in den Wissenschaften errichtet (fir= mum et mansurum ... in scientiis stabilire) werden kann. Seine Philosophie ist also ausgesprochenermaßen auf eine Grundlegung der Wissenschaft und damit der „Er= kenntnis selbst" gerichtet. Das gilt es von vornherein fest= zuhalten, daß seine fundamentale Fragestellung die erkennt= nistheoretische ist, in der Philosophie und Wissenschaft die in= nigste Verbindung eingegangen sind, und daß sie es bleibt, auch wenn sein Denken weiter selbst für die Lösung auf das metaphysische Gebiet führt. Und auf dieses gelangt Des= cartes eigentlich nur um der erkenntnistheoretischen Frage= stellung willen.

Sein Grundproblem als der Ausgangspunkt seines Philo= sophierens ist also die Erkenntnis selbst, ist die Frage, „zu wissen, was Erkenntnis ist, und wieweit sie sich erstreckt"; oder, da diese Frage nur nach den „Grundlagen" der Erkennt=

nis selbst entschieden werden kann, die Frage nach den „Grund=
lagen", den Prinzipien der Erkenntnis selbst. Diese müssen
entdeckt werden, soll sich in der Wissenschaft überhaupt etwas
Sicheres und Festes ausmachen lassen.

Hier zeigt sich nun Descartes als echter Erkenntnistheore=
tiker, indem er zugleich die logische Kraft der analytischen
Methode für das allgemeine Erkenntnisproblem fruchtbar
macht: Die Erkenntnis ist ihr methodischer Ausgangspunkt,
aber die Erkenntnis nicht als dogmatisch gegebene, sondern
die Erkenntnis als Problem. Das Problem bedarf der Zer=
legung in seine Problemfaktoren, bis die Bedingungen seiner
Lösbarkeit, d. h. aber im Falle des Problems der Erkenntnis
die „Grundlagen" der Erkenntnis selbst ermittelt sind. Sie
ermöglichen dann die Ableitung der Erkenntnis selbst und
werden als deren logische Bedingungen in der faktischen
Erkenntnis verifiziert.

Gehen wir nun auf das Einzelne der Lehre Descartes'
ein, so zeigt sich gleich, wie er zunächst sein Problem ver=
standen wissen wolle. So wenig er bei der Bestimmung seines
Zieles die „Grundlagen" und das darauf „stabilierte Feste
und Bleibende" der Wissenschaft voraussetzen kann, weil er
das alles erst sucht, so wenig darf er die Erkenntnis selbst schon
als fertig und gegeben voraussetzen, er muß sie erst in Frage
ziehen. Er muß sie bezweifeln.

Der Zweifel ist selbst Werkzeug seiner Methode. Aber
auch das ist wohl zu beachten: der Zweifel kann nach Des=
cartes nie und nimmer ein philosophischer Standpunkt, son=
dern nur methodisches Mittel des philosophischen Ver=
fahrens sein. Schließt eine skeptische Deutung bereits die von
Descartes als Ziel geforderte Grundlegung der wissenschaft=
lichen Erkenntnis aus, so beugt ihr vollends die erkenntnis=
theoretisch eminent bedeutsame Darlegung Descartes' über
den Zweifel auch ausdrücklich vor. So wenig wir die Erkennt=

nis dogmatisch behaupten, so wenig dürfen wir sie dogmatisch
leugnen, soll sie ernstlich zum Problem gemacht werden. Die
dogmatische Leugnung würde jede ernstliche Fragestellung
ebenso abschneiden, wie die dogmatische Behauptung. Das
bezeichnet gerade den echten, kritischen Zweifel Descartes',
daß sowohl die positive, wie die negative Entscheidung in der
Schwebe bleiben muß, solange sie nicht selbst begründet, sondern ein grundloser Akt der Willkür wäre. Der dogmatische
Zweifel im Sinne der dogmatischen Leugnung aller Erkenntnis wäre, wie Descartes zu verschiedenen Malen betont, selbst
nicht radikal genug, weil er schon viel zu viel grundlos be-
hauptete.

Darum darf — so bestimmt Descartes in verschiedenen
seiner Werke das Wesen des methodischen Zweifels zunächst
negativ — die Skepsis nicht behaupten wollen, alle Urteile
und Meinungen seien ungültig und falsch, und darum alle
Erkenntnis unmöglich. Begründen könnte sie diese Behauptung nicht, da sie nicht die Totalität aller möglichen Urteile
übersehen könne. Man würde hier unwillkürlich an Sokrates'
weises Wissen seines Nichtwissens erinnert, auch wenn Descartes nicht so ausdrücklich darauf Bezug genommen hätte,
wie er es getan hat. Auch Descartes sieht vollkommen klar
und zeigt es in wahrhaft erkenntniskritischem Sinne, wie die
sophistische Behauptung: „Es gibt keine Erkenntnis", sich
selbst widerspricht. Sie will selbst Erkenntnis sein, sie setzt den
Begriff der Erkenntnis und mit ihm den der Wahrheit voraus,
wie den Sinn jedes in der Behauptung enthaltenen Wortes.
Ebenso setzt sie die Erkenntnis des Unterschiedes von Wahrheit und Falschheit voraus, gerade weil sie, was Descartes,
um das Sinnwidrige der Behauptung besonders deutlich zu
machen, auch mit besonderem Nachdruck betont, die Erkenntnis aller überhaupt möglichen Urteile voraussetzt, eine Voraussetzung, die immer unerfüllbar ist. Denn da alle diese Ur-

teile als ungültig erkannt werden müßten, ebendarum müßten die Kriterien der Gültigkeit und zugleich die der Ungültigkeit ebenfalls, also der Unterschied von Wahrheit und Falsch= heit erkannt sein, was alles die zu leugnende Erkenntnis schon wieder voraussetzt. So kann nach Descartes negativ der Zweifel nicht die von vornherein widerspruchsvolle Leugnung der Erkenntnis bedeuten.

Positiv hat dem Denker der Zweifel darum lediglich die Bedeutung, die Erkenntnis in Frage zu ziehen. Und auch hier trifft er eine sorgfältige Unterscheidung. Nicht darum kann es sich ihm handeln, nun etwa wieder alle ein= zelnen Urteile aufzuzählen, die als solche fraglich sind. Es gilt vielmehr, allein die Grundlagen, auf die sich alle bloß ver= meintliche Gewißheit stützt, auf denen alle bloß zweifelhafte Erkenntnis überhaupt beruht, aufzudecken und durch deren Prüfung und Kritik gerade zu den Grundlagen der echten Gewißheit und eigentlichen Erkenntnis selbst aufzusteigen. Den Grundlagen der echten Gewißheit treten so diejenigen der vermeintlichen Gewißheit, des Zweifelhaften gegenüber. Sind diese letzten, d. h. „die Fundamente, auf denen die zweifelhaften Meinungen aufgebaut waren, erschüttert, so fallen mit jenen diese schon von selbst dahin". Ebendarum brauchen sie, was ein unmögliches Beginnen wäre, nicht alle im einzelnen „durchlaufen" zu werden. Wie die Fundamente der Erkenntnis die einzelnen Erkenntnisse verbürgen, so ziehen die Fundamente des Irrtums die einzelnen Irrtümer mit in ihren „Sturz". Das bestimmt nun Descartes' weitere Unter= suchung.

Zunächst kommt es also darauf an, zu bestimmen, welches eigentlich jene zweifelhaften Fundamente sind, die zu er= schüttern sind. Zu ihnen führt wiederum nur der analytische Weg der Zerlegung des Erkennens. Wir müssen vom ver= meintlich tatsächlichen Erkenntnisprozeß ausgehen und ihn in seine tatsächlichen Bedingungsfaktoren zerlegen. Dann müssen wir prüfen, ob diesen Wahrheitsgehalt zukommt oder nicht. Nur so läßt sich entscheiden, ob sie Fundamente echter oder bloß vermeintlicher Erkenntnis sind. Vermögen sie der Prüfung standzuhalten, dann sind die auf ihnen errichteten Erkenntnisse gültig. Brechen sie unter der Prüfung zusammen, dann „stürzt auch alles auf ihnen Aufgebaute zusammen".

Ist diese destruktive Arbeit so weit gediehen, dann kann die weitere Analyse sich darauf richten, zu untersuchen, ob es außer dem allgemeinen Zusammenbruche nicht doch bestimmte Faktoren gebe, die nicht nur nicht in jenen Zusammenbruch mit hineingezogen werden, sondern selbst schon die unaufgebbaren Voraussetzungen und Grundlagen dafür sind, daß überhaupt die ganze destruktive Arbeit unternommen werden kann, die selbst also nicht niedergerissen werden können, weil sie ja selbst das niederreißende, kritische Geschäft besorgen, in ihm also der aktive, nicht der leidende Teil sein müssen, so daß wir in ihnen wirklich etwas Festes und Sicheres ergreifen.

Analysieren wir nun — so führt Descartes weiter aus —, jenen vermeintlich tatsächlichen Erkenntnisprozeß, so zeigt sich, wie vieles in ihm haltlos und irrig ist, was wir zuerst für fest und gewiß gehalten haben. Wir haben an die Kindergeschichten in unserer Jugend geglaubt, die sich bald als Erfindungen bloßer Einbildung erwiesen. Wir entdeckten sodann, daß allein das wahr und wirklich sei, das mit unserer Sinnlichkeit und sinnfälligen Wahrnehmung zusammenhinge. Im Traum und im Fieberwahn haben wir ungemein lebhafte Vorstellungen von Dingen außer uns. Aber wir bedürfen erst keiner wissenschaftlichen Überlegung, um die Traum- und Wahndinge als bloße Einbildungen zu erkennen. Das Erwachen und die Genesung läßt uns diese sofort durchschauen. In unserem normalen Zustande erkennen wir sofort, daß

nur das real ift, von dem unſere Sinnlichkeit (sensus) Ein=
drücke empfangen (accipere) kann. Die Sinnlichkeit allein
liefert uns alſo in der Empfindung die Inhalte des Er=
kennens, denen wir faktiſch glauben; ſie allein vergewiſſert
uns der Realität der Dinge. Darum iſt auch die Sinnlichkeit,
auf der wir unſere Erkenntniſſe aufzubauen glauben, das
Prinzip, oder eines jener Prinzipien, die, ohne alle einzel=
nen ſinnlichen Erkenntniſſe durchzugehen, als die Grund=
lage aller ſinnlichen Erkenntnis überhaupt, für den
ernſten methodiſchen Zweifel auch ernſtlich in Frage kommen.
Träumen und Wahngebilden glauben wir tatſächlich ja ſo=
wieſo nicht, ſobald wir nur im Beſitze unſeres wachen Be=
wußtſeins ſind.

Wir müſſen alſo zuerſt fragen, was es mit dem faktiſchen
Glauben an die Sicherheit und Gewißheit der Sinnlichkeit
als ſolcher für eine Wahrheitsbewandtnis hat; unter=
ſuchen, ohne die einzelnen ſinnlichen Erkenntnisinhalte auf=
zuzählen, ob die Sinnlichkeit überhaupt, ob deren allge=
meine Grundlage uns irgendwelche Gewißheit gewährleiſte,
ob die Sinnlichkeit vermittelſt der Empfindung uns in Wahr=
heit auch der Realität deſſen vergewiſſere, was wir in der
Empfindung tatſächlich wahrzunehmen meinen.

Nun zeigt ſich aber bei unſerer Prüfung ſofort, daß die
Sinne keineswegs durchaus zuverläſſige Zeugen der Erkennt=
nis ſind. Die Sinnestäuſchungen, denen wir etwa bei erheb=
lichen Entfernungen in der Größenſchätzung unterliegen,
mahnen uns ſchon zur Vorſicht. Allein ſie ſind noch nicht eine
entſcheidende Inſtanz gegen die Zuverläſſigkeit der Sinnlich=
keit, laſſen ſie ſich doch ſelbſt korrigieren.

Bedeutſamer aber iſt es ſchon, daß etwas, das wir für
denſelben Gegenſtand halten, ganz verſchiedene ſinnliche
Eigenſchaften annehmen kann, die nicht etwa bloß korrigier=
bare Fehler der Größenſchätzung ſind. So iſt etwas, das wir

für dasselbe halten, „bald hart, bald weich, bald flüssig", je
nach der Temperatur, der es ausgesetzt ist.

Aber auch das ist noch kein vollwertiger Beweis gegen die
Erkenntniskraft der Sinnlichkeit. Härte, Weichheit und Flüs-
sigkeit können freilich verschiedene Eigenschaften von etwas
sein, das wir als denselben Gegenstand ansehen. Aber diese
Eigenschaften können doch immerhin real sein und sind nur
abhängig von zwar wechselnden, aber selbst realen Einwirkungen auf den betreffenden Gegenstand.

Verhängnisvoller und in der Tat gegen die sinnliche Er-
kenntnisfähigkeit entscheidend ist der Umstand, daß wir alle
die Dinge und Eigenschaften, die wir mit sinnfälliger Leben-
digkeit außer uns zu erleben meinen, eben auch träumen können. Nun mag zwar immerhin das Aufwachen die reale Wirklichkeit, die uns die Sinne vermitteln, von der bloß im Traume
eingebildeten Wirklichkeit unterscheiden — was aber gibt uns
denn die Gewähr, daß nicht auch unser Wachen bloß ein
Träumen, das ganze Leben ein Traum sei, daß wir also auch
alles das nur träumen, was wir zu empfinden meinen? So
verbürgt uns denn das, was wir Sinnlichkeit nennen, und
worauf wir unsere Erkenntnisse aufzubauen glauben, gar
keine Gewißheit. Sie kann ein bloßes Träumen sein.

Allein, gesetzt wir träumen bloß, so sind doch alle unsere
Traumbilder in ihrer besonderen Bestimmtheit (particularia),
wie z. B. mein Kopf, mein Gewand usw. eben Bilder von
etwas Allgemeinem (generalia), und es müssen auch solche
Allgemeinheiten, wie Kopf, Gewand usw. überhaupt bestehen, damit wir auch nur im Traume etwas als Kopf, Gewand usw. im besonderen bezeichnen können. Indes, auch
diese Allgemeinen mögen geträumt oder bloß abstrakt sein, so
bleibt doch etwas Einfaches und Allerallgemeinstes (maxime
generalia — simplicia et universalia), wonach die Zusammensetzung sowohl jener einfachen Inhalte (particularia) wie

ihrer allgemeinen Bestimmungen (generalia) stattfindet. Diese dreifache Unterscheidung zwischen particularia, generalia und simplicia et universalia als maxime generalia ist von der allergrößten Bedeutung. Daraus geht hervor: Das Einfache ist, weil es eben auch ein Universales ist, nicht ein Einzelnes, Tatsächliches, nicht ein Teil eines Zusammengesetzten. Das Einfache (simplicia) wird von solchen inhaltlichen Bestandteilen (partes — particularia) ausdrücklich unterschieden. Es hat Bestand, auch wenn wir uns die inhaltlichen Bestandteile aufgehoben denken. Ausdehnung, Figur, Zahl, Quantität überhaupt sind etwas, auch wenn es keine ausgedehnten, figurierten, zählbaren, größenmäßig bestimmten Dinge geben sollte. Sie sind die allereinfachsten und ganz allgemeinsten Gegenstände der Arithmetik, Geometrie usw., kurz der mathematischen Disziplinen, die davon handeln, unbekümmert darum, ob es ihnen entsprechende Dinge in der Natur gibt, oder nicht (Arithmeticam, Geometriam aliasque eiusmodi, quae non nisi de simplicissimis et maxime generalibus rebus tractant, atque utrum eae sint in rerum natura necne parum curant, aliquid certi atque indubitati continere).

Das Einfache ist also nicht das Einzelne, das mit anderen Einzelnen in einen Zusammenhang gesetzt würde, sondern das Prinzip, wonach erst die Zusammensetzung der einzelnen Inhalte zu vollziehen wäre. Es verhält sich zu diesem also nicht, wie ein einzelner Inhalt zu einem anderen einzelnen Inhalt, sondern wie die Form schlechthin zum Inhalt überhaupt. Es steht, wie wir heute sagen, dem Inhalt schlechtweg als Form gegenüber.

Daß diese Deutung der Descarteschen Auffassung richtig ist, daran lassen seine Meditationen keinen Zweifel. Erstens stellt er hier der Sinnlichkeit die „reine Erkenntnis" (intellectio pura) gegenüber und prägt somit geradezu den uns seit Kant vollkommen geläufigen Begriff des reinen Erkennens, dem auch bei Descartes der Begriff des „reinen Verstan= des" (mens pura) entspricht. Zweitens stellt er den auch durch Inhalt sinnlicher Beobachtung bestimmten Wissen= schaften, von denen er Physik, Astronomie und Medizin aus= drücklich namhaft macht, Disziplinen der reinen Mathematik, wie Arithmetik und Geometrie, als Wissenschaften der reinen Form, des „reinen Erkennens" gegenüber. Was er „sim= plicia et universalia" nennt, erweist sich ihm als der eigent= liche Gegenstand der pura intellectio. So arbeitet hier die Analyse des Erkennens in der Tat — und das ist für das Er= kenntnisproblem und seine Geschichte von der höchsten Be= deutung — jene fundamentale Unterscheidung von Inhalt und Form des Erkennens, von Sinnlichkeit (sensus, sentire) und Verstand bzw. „reiner Erkenntnis" (intellectio pura, mens pura) mit unzweifelhafter Deutlichkeit heraus[1]).

---

[1]) Wie die erwähnten Beispiele der Wissenschaften zeigten, wie aber besonders die ganze Mathematikauffassung Descartes' lehrt, denkt Descartes hier in erster Linie an das ganze Bereich des Mathematischen als das Gebiet der Erkenntnisform. Denn das ist gerade das Gebiet, dessen Gegenstände, wenn sie auch nicht existieren, doch sind (quae, etiamsi **extra me** fortasse nullibi existant, non tamen dici possunt nihil esse). Die Unterscheidung zwischen Existenz und Sein (existere und esse) wird hier an der Hand der Mathematik in voller Schärfe vollzogen. Diese Erkennt= nisse seien in gewisser Weise spontan erdacht (ad arbitrium cogitantur), hängen aber nicht von der Willkür des Subjekts ab (nec a me dependent). Wir können, weil sie nicht vom Subjekt willkürlich abhängen, das „ad arbitrium" geradezu mit „spontan" übersetzen. Es mit „willkürlich" zu übersetzen, wäre gerade wegen des „nec a me dependent" falsch. Dazu kommt, daß Descartes sagt, das Denken hole diese Erkennt= nisse aus sich hervor, schöpfe sie aus sich (promere). So kündigt sich hier die Ahnung des Wesens der Spontaneität des Denkens an, daß die mathematische Erkenntnisart nicht aus der Sinnenwelt abzieht, sondern aus sich selbst zu schöpfen (promere) ver= mag. Das ist aber bemerkenswert, weil es eine Änderung der landläufigen Meinung über die noch zu erwähnenden „eingeborenen Ideen" notwendig macht. Im An= schluß an Platons ἀνάμνησις faßt Descartes die „Wiedererinnerung" (reminisci) als eine Besinnung derart, „als ob man nicht etwas Neues lernte, sondern vielmehr sich nur dessen entsinne, was man schon wußte" (non tam videar aliquid novi ad= discere, quam eorum quae jam ante sciebam reminisci). Dieses „als ob" (videar), sowie das „promere" und das Sein des Mathematischen, ohne daß es existiere oder gar bloß willkürlich von uns abhänge, endlich die intellectio pura, sie alle drängen zur Loslösung von der großenteils immer noch üblichen rein psychologischen Deutung der Descarteschen Ideenlehre und fordern zu deren Ergänzung durchaus die er= kenntniskritische Würdigung. Das gilt auch von den Begriffen der naturwissenschaft= lichen Prinzipien. Denn denkt Descartes zunächst auch an die Mathematik, so macht

Wie sich vorhin die Sinnlichkeit, oder der sinnliche Inhalt schlechthin, als das eine der Prinzipien zeigte, auf dem sich der faktische Gewißheitsglaube aufbaute, so zeigt jetzt die Analyse der Erkenntnis die allgemeinste und einfachste Form als den zweiten Grundpfeiler des Glaubens an die Gewißheit und Sicherheit des Erkennens. Wie weiter vorhin die Sinnlichkeit auf ihren Wahrheitsgehalt geprüft werden mußte, so muß jetzt die formale, rein gedankliche Glaubensgrundlage daraufhin geprüft werden, ob sie uns irgendwelchen Wahrheitsgehalt verbürge, oder ob sie, wie vorhin die der Prüfung nicht standhaltende Sinnlichkeit, keine Gewißheit gewährleiste.

Zunächst nun scheint es freilich: mögen Physik, Astronomie und alle übrigen Disziplinen, die auch von den aus sinnlichen Inhalten zusammengesetzten Gegenständen handeln, zweifelhaft sein, so sind doch „Arithmetik, Geometrie und alle anderen Disziplinen, die nur von den allgemeinsten und einfachsten Dingen handeln", gewiß. „Denn es ist doch immer $2 + 3 = 5$, ob ich nun schlafe oder wache; und immer hat das Quadrat bloß vier Seiten. So offenbare Wahrheiten können doch unmöglich der Falschheit verdächtigt werden."

Allein die tiefere Prüfung stößt auch den Glauben an diese vermeintlich offenbaren Wahrheiten um. Der methodische Zweifel des Philosophen Descartes muß aber freilich gegen den der mathematischen Gewißheit vertrauenden Mathematiker Descartes ein gewaltiges erkenntnistheoretisches Mittel zu Hilfe nehmen. Das gewinnt er in der Gottesvorstellung. Für die erkenntnistheoretische Denkweise Descartes' aber ist es bezeichnend, daß er den Gottesbegriff lediglich in erkenntnistheoretischer Absicht einführt, und daß er auch im weiteren den eigentlichen Gottesbeweis nur in dieser, nicht aber in religiöser oder theologischer Absicht gibt. Aufs treffendste sagt deshalb Windelband: „Descartes würde den Begriff der Materie ebenso behandelt haben, wie denjenigen der Gottheit, wenn er ihm hier dieselben Dienste geleistet hätte, wie dieser."

So führt denn von vornherein Descartes den Begriff der Gottheit auch gerade deshalb ein, um wenigstens den naiven Glauben auch an die zweite prinzipielle Art der Erkenntnis, die formalen „einfachsten und allgemeinsten" Wahrheiten, zu erschüttern. Das Argument seines methodischen Zweifels ist jetzt dies: Der allmächtige Gott kann es doch so gefügt haben, daß wir uns in allen unseren Bemühungen um Erkenntnis überhaupt immer täuschen. Also ist es überhaupt nichts mit unserem ganzen Gewißheitsglauben. Dem entgeht man weder dadurch, daß man die Güte Gottes als Argument anführt, noch dadurch, daß man den allmächtigen Gott selbst aufgibt. Was zunächst die Güte Gottes anlangt, so müßten, wenn mit ihr der Irrtum überhaupt unvereinbar wäre, auch die zeitweiligen Irrtümer, denen wir doch oft genug unterliegen, unvereinbar sein. Wollte man darum sodann lieber den allmächtigen Gott überhaupt fallen lassen, um die Erkenntnismöglichkeit zu retten, so würde man übersehen, daß dadurch für die Erkenntnis nicht das mindeste gewonnen wäre. Denn mit dem allmächtigen Gott wäre auch die Vollkommenheit unseres schöpferischen Ursprungs aufgegeben. Je unvollkommener aber der schöpferische Ursprung, um so unvollkommener ist auch das Geschöpf, um so eher und leichter darum auch dem Irrtum unterworfen.

Mag es also einen Gott geben oder nicht, mag er gütig und allmächtig sein oder nicht — das soll hier noch nicht entschieden werden —; wie dem auch sei, so ist — so viel steht fest — jetzt keiner der beiden Quellen unseres vermeintlichen Wissens, weder der Sinnlichkeit noch der reinen Erkenntnis, mehr dogmatisch zu vertrauen, und es ist alles zu bezweifeln, was ich auf deren Grundlage bisher für wahr gehalten habe. „De omnibus dubitandum" — das scheint das Resultat der prüfenden Erkenntnisanalyse zu sein.

Allein inmitten allen Zweifelns und gerade im Zweifel entdeckt die weitere Analyse einen festen Punkt, den „archimedischen Punkt": Um zweifeln zu können, muß ich sein, und zwar muß ich, da Zweifeln eine Art des Denkens (modus cogitandi) ist, als denkendes Wesen sein. Mag ich außer mir die Welt bloß träumen, mag ich mir denken, daß der allmächtige Gott mich täusche, mag ich mir Gott selbst als trügerischen Dämon einbilden (fingere), — um träumen, um getäuscht werden, um mir etwas einbilden zu können, muß ich sein. Träumen, Einbilden, Täuschungen sind alles Modi des Denkens. Sie setzen ein denkendes Wesen voraus. Denn um denken zu können, muß ich sein. Das verstehe ich unmittelbar gewiß, klar und deutlich. Darum steht eines fest: sum cogitans; ich bin, indem ich denke; oder wie eine andere, die unmittelbare Gewißheit weniger glücklich ausdrückende Formel lautet: cogito, ergo sum; ich denke, also bin ich. Im Bewußtsein des denkenden Wesens ist also zugleich sein Sein gesetzt.

So ist im Sein des Denkens die Subjektsgewißheit erreicht. Nun erhebt sich für Descartes das Problem, ob wir von ihr aus nicht doch noch zur Objektsgewißheit vorzudringen vermögen. Die Beantwortung dieser Frage fordert zunächst aber noch die Entscheidung zweier Vorfragen. Es fragt sich erstens: Was ist Gewißheit? und zweitens: Welche Denkmittel verbürgen uns denn die Gewißheit?

Was Gewißheit sei, erkennen wir aber schon aus der klaren und deutlichen Erfassung des Seins im Bewußtsein. Danach ist gewiß eben die klare und deutliche Erfassung im Denken (clara et distincta perceptio).

Bei einer bloß psychologischen Gewißheit bleibt Des=

cartes aber nicht stehen; und so ist auch die clara et distincta perceptio gewiß auch psychologisch, aber doch nicht bloß psychologisch, wie Leibniz später an diesem Punkte interpretiert hat, zu deuten. Descartes macht selbst die scharfe Unterscheidung zwischen logischer und psychologischer Gewißheit, indem er bemerkt: Wenn auch das Klare und Deutliche nicht jedem gleich einleuchtet, sondern manchem erst, wenn er einen tieferen Einblick gewinnt, und wenn es erst einmal aufgedeckt wird, so ist dieses doch für sich selbst durchaus gewiß. Wenn es z. B. auch nicht so leicht einleuchtet, daß im rechtwinkeligen Dreieck das Quadrat über der Hypotenuse gleich ist der Summe der beiden Kathetenquadrate, wie daß der der Hypotenuse gegenüberliegende Winkel größer ist, als der einer Kathete gegenüberliegende Winkel, so ist doch für sich der erste Satz nicht minder gewiß, als der zweite und wird auch nicht minder angenommen wie dieser, wenn er erst einmal eingesehen ist. Hier ist also der Unterschied zwischen dem logischen und dem psychologischen Moment in der clara et distincta perceptio mit voller Schärfe offenbar. Und außerdem betont Descartes ausdrücklich, daß die clara et distincta perceptio auf einer Notwendigkeit (necessitas), einem Grunde (ratio), die als solche Regeln der Wahrheit (regulae veritatis) sind, beruhen und also auch eines Beweises (demonstratio) fähig sein muß. Sie ist also nicht das Letzte. Das ist vielmehr der logische Grund und die logische Notwendigkeit.

Schwieriger ist die zweite Frage, die Frage nach den die Objektsgewißheit verbürgenden Denkmitteln. Sie fordert eine weitere genauere Analyse dieser Denkmittel. Denn wir haben uns ja früher vieles als gewiß eingebildet, was sich nachher als zweifelhaft erwies. Die Einbildung (imaginatio) mag als Art des Denkens selbst zwar sein, so ist doch das bloß Eingebildete (imaginata) nicht; so·wichtig die Imagination sich auch im allgemeinen Denkzusammenhange bald erweisen wird, an und für sich kommt ihr noch keine Gewißheit zu. Wir werden im Gegenteil sehen, wie sie vorläufig, gerade um zu einem Prinzip der Objektsgewißheit zu werden, noch auszuschalten ist, und wie allein die Denkmittel, die über der bloßen Einbildung stehen, sichere Erkenntnis stiften.

Solcher Denkmittel unterscheidet die Analyse aber drei: 1. die eigentlichen Ideen (ideae); 2. die Wollungen (voluntates); 3. die Urteile (judicia). Bloße Ideen vermögen aber ebensowenig Erkenntnis zu stiften, wie bloße Wollungen. Das können also allein die Urteile. Sie sind nach Descartes willentliche Verknüpfungsakte zwischen den Ideen. Durch diese hochbedeutsame Urteilslehre vermag er ebenso die Erkenntnis, wie den Irrtum begreiflich zu machen, indem der Wille nur da eine Verknüpfung vollziehen darf, wo eine solche einen logischen Grund (ratio; auch ratio und causa unterscheidet Descartes sehr deutlich) hat. Den logischen Grund verankert er freilich noch in einer, allerdings metaphysischen, Ursache. Denn er muß, um zu einem Kriterium auch der Objektsgewißheit zu gelangen, nun für die Ideen als die Urteilsinhalte eine doppelte Ursächlichkeitsunterscheidung machen. Einmal unterscheidet er die Ideen nach ihrer Ursprungsart, als 1. eingeborene (innatae); 2. von außen gekommene, der sinnlichen Außenwelt entstammende (adventitiae); 3. selbstgeschaffene (a me ipso factae). Dann unterscheidet er hinsichtlich der Ursache selbst die formale, die an Realität gleich der Wirkung ist, und die eminente, die an Realität die Wirkung überragt.

Nun ergibt sich nach dem früheren: Für alle Ideen der Außenwelt (adventitiae) kann das denkende Ich die eminente Ursache sein. Also gewährleisten sie dem Urteil kein objektsgewisses Material. Alle ideae adventitiae können sonach unter die ideae a me ipso factae fallen, zu denen auch alle offensichtlichen Imaginationen und Halluzinationen gehören. Auch für die Idee des Menschen kann das Ich die Ursache sein. Selbst die Idee der Engel kann aus der des Subjekts und der der Gottheit gebildet sein.

Die Idee der Gottheit bleibt allein übrig, für die das endliche Subjekt weder eminente noch formale Ursache sein kann, da sie selbst mehr Realität hat, als das endliche Subjekt. Denn die Idee der Gottheit ist die des realsten und vollkommensten Wesens (ens realissimum ac perfectissimum), hat also mehr Realität als das endliche unvollkommene Subjekt selbst, das aber, um seiner Unvollkommenheit, wie sie sich in der Notwendigkeit des Zweifels offenbarte, inne werden zu können, immer schon die Idee des vollkommensten Wesens voraussetzen muß.

So gewinnt Descartes in der Gottheit einen zweiten Punkt der Gewißheit, zugleich das Prinzip der Objektsgewißheit, und stellt einen Gottesbeweis auf, der sich grundsätzlich vom älteren, ontologischen unterscheidet; und zwar einerseits durch die originale Anwendung des Kausalprinzips, wie andererseits durch den ausdrücklichen Versuch, die Gottheit als notwendig zu denken (necessitas me determinat ad hoc cogitandum). Und gerade dieses Moment wird immer Beachtung verdienen: Die Idee der Vollkommenheit (perfectio) im Sinne des Wertinbegriffs ist in der Tat notwendige Voraussetzung, sowohl damit im Irrtum das Subjekt seiner Unvollkommenheit inne werden und sich als unvollkommen beurteilen kann, als auch damit Erkenntnis auf Gültigkeit und Wert hin geprüft und vom Irrtum unterschieden werden kann. Das ist selbst der ewig wertvolle Kern in dem Descartesschen Argument der Vollkommenheit (perfectio), mag er immerhin irrtümlicherweise auch die Idee der Vollkommenheit (perfectio) sogleich zum vollkommensten Wesen (ens perfectissimum) ebenso hypostasiert haben, wie das Denken (co-

gitatio) in dem „sum cogitans" zum denkenden Ding (res
cogitans).

Mit der Realität der Gottesidee ist aber für Descartes
nun in der Tat das eigentliche Prinzip und „Fundament"
auch der Objektsgewißheit gewonnen, wie ihm die Gottheit
selbst das gewisseste Objekt der Erkenntnis ist. Die Gottheit
aber garantiert nun auch die Gewißheit der übrigen Objekte.
Denn vom vollkommensten Wesen ist alle Täuschung ausge-
schlossen; nicht so zwar, daß es nicht in der Macht und dem
Können Gottes stünde, uns zu täuschen; sondern so, daß sein
vollkommener Wille uns nicht täuschen wolle. Täuschen können (posse fallere) könnte uns der vollkommen mächtige Gott
gewiß; aber sein vollkommener Wille kann uns nicht täuschen
wollen (fallere velle non posse).

Wie das erkennende Subjekt im Selbstbewußtsein die unmittelbare Gewähr für seine eigene Existenz hat, so hat es in
der Gotteserkenntnis die mittelbare Gewähr für die Existenz
der gesamten Körperwelt der Dinge und seiner eigenen Körperlichkeit, eben weil das vollkommene Wesen nicht täuschen
wollen kann. Gewisser freilich als die materielle Welt bleibt
ihm seine eigene Existenz. Denn jene wird einerseits erst durch
die Gottheit verbürgt, andererseits setzt die Erkenntnis der
materiellen Welt selbst schon das erkennende Subjekt voraus.
Die materielle Substanz wird nur durch dessen zusammen-
fassendes Denken (comprehensio) begriffen.

Im Begriffe der Substanz kreuzen sich nun die interessantesten, aber gerade wegen ihrer Mannigfaltigkeit freilich
durchaus nicht vollkommen abgeklärten, sondern unbestimmt
schillernden erkenntnistheoretischen, metaphysischen und psychologischen Motive des Denkens. Dadurch, daß im Begriffe
der „comprehensio" das zusammenfassende Denken sich betätigt, bereitet sich bei Descartes die erkenntnistheoretische
Kritik des Substanzbegriffes vor. Denn jener Begriff ist in

der Tat nicht nur dem Wortlaute, sondern auch dem Gehalte
nach ein Vorläufer des späteren kritischen Begriffs der Syn=
thesis. Als Gesetz wird trotzdem freilich die Substanz noch
nicht gefaßt. Sie hat daneben noch materiale Realität. Allein
insofern sie Grundlage der Körperwelt ist, gewinnt die Er=
kenntnis selbst eine ganz eigentümliche Macht über sie: Da
das erkennende Subjekt sich selbst allein durch die reine Er=
kenntnis (pura intellectio) erfassen kann, so muß die Ein=
bildungskraft (imaginatio) es auf etwas außer ihm, das er=
kennende Ich auf etwas vom Ich Verschiedenes (res a me
diversa), ein „Nicht=Ich", modern gesprochen, hinweisen. Daß
das mit dem denkenden Subjekt nicht identische Objekt aber
Körper ist, das ist damit noch nicht bewiesen. Auch die Emp=
findung braucht uns das nicht unmittelbar (immediate)
wiederzugeben. Sie ist auf keinen Fall ein Abbild des Objekts,
das diesem ähnlich (similis) wäre. Die naive Abbildtheorie ist
von Descartes überwunden. Dafür hat er der Empfindung,
und darin ist Descartes bereits ganz modern, die Funktion
zuerkannt, das Objekt wenigstens anzuzeigen, zu bezeichnen
(indicare, significare). Daß Imagination und Empfindung
in den ihnen hier gewiesenen Funktionen nicht täuschen, das
verbürgt die Gottheit. In ihr, als dem unendlichen Wesen,
haben Geist und Materie die gemeinsame Wurzel. Gott al=
lein ist Substanz im eigentlichen Sinne, der jetzt metaphysisch
bestimmt ist, als von aller anderen unabhängige Substanz;
die schaffende Natur zum Unterschiede von ihrer Schöpfung,
der geschaffenen Natur (per naturum enim generaliter spec-
tatam nihil nunc aliud, quam vel Deum ipsum, vel rerum
creaturum coordinationem a Deo institutam intelligo). So
hat die körperliche Substanz zwar noch materielle Realität,
aber nicht absolute, substantielle Wesenheit, die allein Gott
zukommt. Aber gerade darum kann auch das denkende Wesen
die materielle Substanz erkennen, und in dieser ergreift es

keinen trügerischen Schein, sondern eine wie es selbst von der unendlichen Gottheit bedingte Wirklichkeit. So streng geschieden geistiges und materielles Sein an und für sich auch sein mögen, in der Gottheit haben sie ihren Vereinigungspunkt, von dem allein auch ihr Zusammenhang geregelt wird.

So gewinnt Descartes in der Gottesidee das Fundament der Erkenntnis auch der äußeren Welt. Allein wie vorhin die Möglichkeit der Erkenntnis, so macht jetzt die des Irrtums eine Schwierigkeit, insofern gefragt werden muß, wie er mit der Vollkommenheit Gottes vereinbar und erklärlich sei. Die Erklärung des Irrtums liefert ihm seine schon erwähnte Auffassung vom Wesen des Urteils, wonach das irrtümliche Urteil entsteht, wenn der weiter als der Intellekt reichende Wille ohne einen von jenem erkannten Grund (ratio) bejaht oder verneint, solange also die Sache noch zweifelhaft ist und der Wille sich „indifferent" zu verhalten hätte. Mit der Vollkommenheit Gottes ist der Irrtum des Menschen aus zwei Gründen vereinbar. Erstens hat das endliche Wesen nicht nur teil an Gott, der absoluten Wirklichkeit, sondern auch am Nichts. Der Irrtum zahlt diesen Tribut dem Nichts, ist keine positive Einrichtung Gottes, nichts wahrhaft Reales, das sein sollte (esse debere). Auf Gott bezogen ist er bloße Negation, nur auf den Menschen bezogen ist er Privation, das Entbehren einer Erkenntnis, die im endlichen Subjekte in gewisser Weise sein sollte (carentia cujusdam cognitionis, quae in me quodammodo esse deberet). Zweitens, wenn so der Irrtum nicht positiv von Gott stammt, so darf man dann auch noch nicht sagen, die vollkommene Gottheit hätte, da das endliche Wesen doch von ihr stammt, dieses selbst vollkommen einrichten müssen. Denn einmal kann, was im einzelnen zwar sehr unvollkommen sein mag, als Teil im Weltganzen doch sehr vollkommen sein. Dann aber „geschieht manches von Gott, dessen Gründe ich nicht einsehe, und Gottes Ab-

fichten find unerforfchlich".... „Wir dürfen nicht nach
feinen Zwecken fragen."

Damit lehnt Descartes alles Fragen nach Zwecken in der
Natur ab, und er fordert eine ſtreng mechaniſche Naturbe=
trachtung. Das Prinzip der Kauſalität, das Trägheitsgeſetz,
das Unabhängigkeitsprinzip und das Prinzip von der mathe=
matiſchen Konſtanz der Summe der Bewegung im All wer=
den klar und deutlich formuliert und zur Grundlage feiner
Naturphiloſophie gemacht; und ſie fordern zur einzig mög=
lichen „klaren und deutlichen" Präzifion die mathematiſche
Beſtimmung. Nur ſoweit die Körperwelt mathematiſch be=
ſtimmbar iſt, und nur ſoweit ihre Bewegung mathematiſch
beſtimmt iſt, vermag die Wiſſenſchaft von der Natur ſichere
Reſultate zu gewinnen. Mag Descartes nun in feiner Mathe=
matiſierung auch ſo weit gehen, daß er ſelbſt die Maſſe für
Raumgröße erklärt, ſo wäre es doch ebenſo unbillig, wie
leicht, hier nur, nach der üblichen Einſchätzung der Descartes=
ſchen Naturlehre, deren Schranken zu bemerken und die auch
heute immer noch nur von wenigen geſehene poſitive Be=
deutung unbeachtet zu laſſen. Um dieſer ganz gerecht zu wer=
den, hat man die mathematiſche überragende Leiſtung Des=
cartes' nicht aus den Augen zu laſſen. Es iſt nicht einmal
nötig und wäre in dieſem Zuſammenhange unausführbar,
weil eine der Geſchichte der Mathematik als ſolcher angehö=
rende Aufgabe, die Mathematikauffaſſung unſeres Philo=
ſophen in ihrer geſchloſſenen Geſamtheit für ſich darzuſtellen.
Es genügt, ſie in dem innigen Zuſammenhange mit feiner er=
kenntnistheoretiſchen Grundüberzeugung, da beide ſich wech=
ſelſeitig bedingen, zu betrachten, um über den Grenzen der
Descartesſchen Naturlehre deren Bedeutung nicht zu über=
ſehen. Den naiven Glauben auch an die mathematiſchen
Sätze hatte der kritiſche Zweifel zwar zerſtört, aber gerade
durch ſeine Hilfe gelangt der Denker zu der Überzeugung einer

Möglichkeit nicht bloß der Subjektsgewißheit, sondern auch
der Objektserkenntnis. Für diese aber sieht er in der Mathe=
matik selbst die Möglichkeitsgrundlage. Und mag er immer=
hin die Masse für Raumgröße erklären, so darf man den posi=
tiven Gewinn, der nicht bloß der Naturwissenschaft, sondern
auch der wissenschaftlichen Philosophie aus der mathemati=
sierenden Tendenz Descartes' erwächst, nicht gering veran=
schlagen, unterwirft er doch gerade durch sie der „reinen Er=
kenntnis" (pura intellectio) und ihren Kriterien abermals
die Sinnlichkeit (sensus). Der Empfindung ist der Rechts=
anspruch, für sich objektive Naturerkenntnis zu liefern, ent=
zogen und dieser der reinen Erkenntnis vorbehalten. Wie in
der analytischen Geometrie die Anschauung sich in arithme=
tische bzw. algebraische Relationen überführen lassen muß,
die ebenso für die Anschauung, wie diese für sie den Ausdruck
bilden, genau ebenso kann in der Naturlehre von einer Be=
deutung im eigentlichen Sinne für das Qualitative nur die
Rede sein, wenn es sich in quantitative Relationen über=
führen läßt, die für jenes der logische Ausdruck sind, den aber
das Qualitative zu einem nur psychologischen Ausdruck bringt.
Für sich ist dieser nicht etwa gar nichts, aber er hat auch keinen
Wissenschaftswert ohne das Prinzip der logischen Begreif=
lichmachung. Dieses Prinzip aber fordert die Naturlehre im
Begriffe der Quantität ebenso, wie es Erkenntnislehre und
Metaphysik fordern, um den Empfindungen wenigstens die
bezeichnende Funktion (significare) zuzuweisen und durch den
Gottesbegriff einen Erkenntnisgehalt dieser Funktionen zu
begreifen, der in der Naturlehre eben quantitativ verstanden
wird. Anstatt zu behaupten, daß die mathematisierende Ten=
denz in der Philosophie Descartes' einen zu breiten Raum
einnehme, könnten wir heute, durch die Weiterbildung der
Geschichte belehrt, eher sagen, sie sei durch seine Metaphysik
gerade hinsichtlich der Empfindung noch zu beengt gewesen,

und wollten wir hier auch den Physiker Descartes behandeln, so könnten wir zeigen, daß die metaphysische Beengung der erkenntnistheoretisch-mathematischen Prinzipien wohl die Hauptschuld an den erst von Leibniz überwundenen Einseitigkeiten der Descartesschen Physik trägt. Daß sich Erkenntnislehre und Mathematik bei ihm gegenseitig innig bedingen und in der Naturlehre durchdringen, darin liegt seine Größe. Indem er hier die „dunklen Qualitäten" gerade auszuschalten sucht, das Qualitative aber quantitativ zu begreifen strebt, bereitet auch er der modernen Naturwissenschaft gerade den Boden. Daß diesem quantifizierenden Bestreben auch für die Einzelforschung gar mancher fruchtbare Gedanke schon bei Descartes entsprungen ist, das ist ja bekannt und gerade von Männern der Einzelforschung gern anerkannt worden. So weiß ein jeder — vielleicht schon von der Schule her —, daß Descartes das Licht als eine Art der Bewegung angesehen hat, und der hervorragende Physiker Tyndall gedenkt dieses weitschauenden Gedankens gleich auf den ersten Seiten seines berühmten Werkes über das Licht. Das prinzipiell Bedeutsame aber ist es, daß, wie dem Entdecker der analytischen Geometrie und dem Erkenntnistheoretiker, so auch dem Naturforscher Descartes, mag er darin als Metaphysiker auch schwanken, die Anschauung sich dem Begriffe, die „Imagination" sich der „reinen Erkenntnis" zugänglich erweisen und alles Physische der Größenbestimmung fügen muß. Wegen des Prinzips der Konstanz der Bewegung glaubte Descartes die actio in distans ablehnen und die kosmischen Prozesse durch eine die Kraft lediglich übertragende Wirbelbewegung erklären zu müssen. So wenig man die Mängel dieser Auffassung zu übersehen braucht, so wenig darf man aber auch übersehen, daß in ihr immerhin ein hochbedeutsames gedankliches Motiv bestimmend ist, nämlich das gedankliche Motiv, überhaupt die Bewegung selbst wissenschaftlich begreiflich zu machen.

Die strenge Mechanik sucht Descartes nun konsequenter=
weise auch auf die Physiologie zu übertragen. Das Prinzip
der Konsequenz durchbricht er freilich, und zwar selbst im
Widerspruch zu seiner scharfen Trennung von Denken und
Körperlichkeit, hinsichtlich der menschlichen „Affekte", in denen
er ein Zusammenwirken von Leib und Seele — freilich als
unerklärlich — statuiert. Das vermittelnde Zentrum verlegt
er in die Zirbeldrüse.

Das sittliche Ziel aber ist diesem hervorragenden Logiker
eigentlich das logische. Er erblickt jenes nämlich in der immer
fortschreitenden Befreiung des Geistes von den Einflüssen
des Körpers zu steter Annäherung an das Ideal der Er=
kenntnis.

§ 9. Descartes' Schule.

Keiner der Denker, die wir bisher kennen gelernt haben,
mied so ängstlich den Ruhm, wie Descartes, und doch zog
keines Lehre so weite Kreise, wie gerade die seinige; und das
trotzdem er viel weniger auf ein philosophisches System be=
dacht gewesen war, als er lediglich die logische Grundlegung
des Erkennens angestrebt hatte. Aber gerade darum bot seine
Lehre, mit der Galileis, auch den meisten wissenschaftlichen
Gehalt. Weil er aber Galilei gegenüber die methodische Pro=
blemanalyse, die freilich implizite auch die wertvollsten er=
kenntnistheoretischen Faktoren enthielt, nun explizite zur er=
kenntnistheoretischen erweitert hatte, darum war seine Lehre,
der Sache nach, auch am vorzüglichsten berufen, mochte er
persönlich dem noch so sehr zu entgehen suchen, Anhang zu
gewinnen. So bildete sich denn um diese bald eine große
Schule. Einheitlich war diese freilich keineswegs. Von Des=
cartes gingen die mannigfaltigsten Problemimpulse aus;
und so herrschte denn auch in der Descartesschen Schule, je
nach dem im Vordergrund stehenden Problem, eine gewisse
Mannigfaltigkeit, so daß man, wie das die Geschichte einfach

getan, ebenjogut von den Descartesschen Schulen sprechen könnte, wie wir hier, um das Mannigfaltige kurz zusammen= zufassen, von der Schule Descartes' reden.

Das Problem, das zunächst in den Vordergrund des In= teresses trat, war Descartes' Unterscheidung von Körper und Geist, von Ausdehnung und Denken. Anfänglich brachten diese Schulbestrebungen bei Männern wie Arnauld indes wenig Bemerkenswertes hervor. Sie liefen höchstens auf eine Verschärfung der Descartesschen Unterscheidung, ohne eigent= lich neue Problemgestaltung und Problembearbeitung, hin= aus.

Doch mußte diese Tendenz, ehe sie bei Spinoza, dem größten Cartesianer, die fundamentalste Bedeutung gewin= nen konnte, erst noch im engeren Abhängigkeitsverhältnis und im Anschluß an Descartes ihre Weiterbildung erhalten. Diese vollzog zunächst Geulincx (1625—1669). Er geht dabei mit Descartes von der Selbsterkenntnis des Geistes aus. Dieser erfaßt aber klar und deutlich nur, was er an Gedanken selbst erzeugt; und nur das kann aus ihm hervorgehen, was er klar und deutlich erfaßt. Die Gedanken, deren Ursprung er nicht aus sich selbst klar und deutlich begreift, müssen ihm darum von etwas außer ihm kommen. Nun begreift er aber keine Einwirkung äußerer Dinge, also können sie ihm auch nicht von solchen kommen. Der physische Einfluß (influxus physi- cus) ist also unmöglich. Was wir Empfindungen nennen, kann also nicht durch unseren Körper ins Bewußtsein gelangen. So bleibt nur übrig, daß sie von Gott stammen. Da aber Gott nicht täuschen wollen kann, so müssen wir annehmen, daß er gerade dann die Empfindungen hervorruft, wenn ein Körper außer uns existiert und uns begegnet, der mit den Eigenschaf= ten unserer Empfindungsinhalte ausgestattet ist.

Die materielle Realität bewirkt also nie unsere Empfin= dung oder Vorstellung von ihr. Das tut Gott gelegentlich

einer materiellen Realität außer uns. Diese ist also nur ge=
legentliche Veranlassung (causa occasionalis), nicht eigentlich
wirkende Ursache (causa efficiens). Ebensowenig kann der
Geist auf den Körper wirken, was ebenfalls schon daraus folgt,
daß der Geist den Ursprung der Gedanken von äußeren Dingen
nicht klar und deutlich aus sich selbst begreift. So findet also
auch in umgekehrter Beziehung das gleiche okkasionale Ver=
hältnis statt, das diesem ganzen Standpunkte den Namen des
Okkasionalismus gegeben hat.

In der Weiterentwicklung dieses Gedankens stellt sich
Geulincx die Wirkung Gottes aber nicht als in einzelnen
Akten bei jeder Gelegenheit sich vollziehend vor, sondern als
von Ewigkeit im göttlichen Weltplan liegend. Er sucht diesen
Gedanken durch das bekannte Beispiel zweier vollkommen
gleich eingestellter und gleichgehender Uhren zu verdeut=
lichen. Keine ist in ihrem Gange von der anderen abhängig,
und doch entsprechen sie sich in diesem genau. Dabei läßt er
endlich aber auch die Kausalerklärung rein innerhalb der ma=
teriellen und rein innerhalb der geistigen Welt fallen, wie er
ihren wechselseitigen Einfluß von vornherein aufgegeben
hatte; und er verlegt alles Wirken in die Gottheit allein.

Für den Menschen bleibt so eigentlich nichts übrig, als ein
allgemeiner Verzicht. Eine Forderung, die freilich die wider=
spruchvollsten Konsequenzen dieses Systems aufs klarste zeigt.
Die Seele soll sich von den leiblichen Bedürfnissen mehr und
und mehr zurückziehen, wo sie doch nichts zu suchen habe (ubi
nihil vales, ibi nihil velis). Wozu aber noch diese Forderung,
da der Seele ja auch alle leiblichen Bedürfnisse eigentlich
nichts anhaben können? Diese Frage hat sich Geulincx nicht
gestellt; ebensowenig die nach dem Sinn der anderen For=
derung: die Seele solle sich eben rein seelisch=innerlich be=
tätigen, wo sie ja doch überhaupt nicht sich betätigen, weil
nicht wirken, kann.

Man sieht, wie hier der ursprünglich rein methodische Zweifel bereits eine dogmatische Wendung nimmt. In noch erhöhtem Maße hat diese dogmatisierend-skeptische Richtung Blaise Pascal eingeschlagen. Er prägte jenen Typus der auch heute von gewissen Tendenzen gepflogenen Verzichtleistung auf eigene Erkenntniskraft zugunsten des religiösen Bedürfnisses aufs schärfste aus, zugleich aber auch, um das von vornherein zu bemerken, mit einer in der Geschichte nie wieder, namentlich aber von den heutigen derartigen Strömungen auch nicht annähernd erreichten, wahrhaft lauteren und reinen echten und tiefinnerlichen Religiosität.

Blaise Pascal (1623—1662) schwebt, ein echter Descartesscher Zug seines Denkens, als höchstes Gewißheitsideal die mathematische Gewißheit vor der Seele. Mit Descartes gilt ihm alles als zweifelhaft, was sich nicht mit dieser mathematischen Gewißheit erhärten lasse. Allein Descartes hatte durch die Kraft des rationalen Denkens, vermittels des methodischen Zweifels, zu einer der mathematischen adäquaten Gewißheit vorzudringen geglaubt. Das gilt Pascal als unmöglich. Alles übrige Wissen bleibt hinter dem mathematischen zurück, es ist und bleibt deshalb zweifelhaft, die Kraft des Denkens versagt. Und so wird bei Pascal die Methode des Zweifelns in der Tat zum Standpunkt.

Indes die mathematische Gewißheit allein kann ihm nicht Genüge tun. Eine andere kann ihm jedoch das Denken für sich nicht gewährleisten. Dennoch gibt es für ihn eine solche. Sie entspringt ihm unmittelbar aus dem religiösen Gefühl. Wo der Verstand versagt, tritt das Herz in seine Rechte: „Le cœur a des raisons que la raison ne connait pas.“ Das Herz offenbarte ihm die Religion des Trachtens nach Gottes Reich, der Liebe und Duldung dem Nächsten gegenüber im Sinne des echten und unverfälschten Christentums; und so vereinigt er in seiner Persönlichkeit das Interesse an mathematischer

Gewißheit mit der tiefinnerlichsten Selbstgewißheit des Reli=
giösen, so verschieden beide Gewißheitsformen auch an und
für sich sein mögen.

Hinsichtlich des Standpunktes steht gewissermaßen in der
Mitte von Geulincx einerseits und von Pascal andererseits
Nicole Malebranche (1638—1715). Mit Geulincx teilt er
den Okkasionalismus, ja überbietet ihn, wenn möglich. Dazu
gelangt er von dem methodischen Zweifel Descartes' aus, der
freilich auch bei ihm eine dogmatische Gestalt annimmt. In=
teressant ist dabei die echte Descartessche Unterscheidung von
Sinnlichkeit und Verstand. Auch Malebranche nimmt gegen
beide die Stellung des Zweifelns ein. Nur verharrt er dabei
und glaubt auch durch die Kraft des eigenen Denkens, aus
eigener Machtvollkommenheit des rationalen Gedankens sich
nicht zur Gewißheit durchringen zu können.

Wie alle Dinge in Gott sind, müssen sie alle auch in Gott
allein erkannt werden, da für sich das Denken dazu ebenso=
wenig imstande ist, wie die Sinnlichkeit. Die endlichen Dinge
können, wie es vom Standpunkte des Okkasionalismus kon=
sequent gar nicht anders sein kann, überhaupt nichts, also auch
keine Erkenntnis erwirken. Und so ist alles Wirken und alles
Erkennen allein in Gott, der darum auch in uns alles Er=
kennen wirkt, so daß wir uns selbst und alle Dinge außer
uns nur durch Gott erkennen. Wir können und sollen allein
„alle Dinge in Gott schauen". So gewinnt Malebranche bei
der okkasionalistischen Beschränkung der menschlichen Eigen=
kraft des Erkennens eine, wie er glaubt, vollkommene Frei=
heit des religiösen Bedürfnisses, das nach Pascals Art auch
für ihn in der Liebe und dem, freilich für ihn und das von ihm
angenommene Unvermögen zu eigenem Wirken keineswegs
widerspruchslosen Streben der Seele zu Gott gipfelt.

Ohne alle okkasionalistische Tendenz gelangt, wie bei
Pascal, der Descartessche Impuls des Zweifels bei Pierre

Bayle (1647—1706) zur Geltung, der ihn auch zur radikalsten
Entfaltung bringt. Für ihn gibt es von vornherein keine sinn=
liche Gewißheit; selbst aber auch die mathematische Gewiß=
heit, die Pascal sogar noch als Jdeal anerkannt, gilt ihm
nichts. Auch die okkasionalistische Allwirksamkeit Gottes ver=
stehen zu wollen, gilt ihm ungereimt. Ja selbst den „archi=
medischen Punkt" Descartes', das Selbstbewußtsein, hält er
für keineswegs gewiß, noch weniger die daraus erschlossene
Gottesidee. So gilt ihm Descartes' „An allem muß man
zweifeln" als der Weisheit letzter Schluß in weitestgehender
Bedeutung und in keiner Hinsicht mehr bloß als methodisches
Prinzip. Bayle, ein Mann der umfassendsten Gelehrsamkeit,
um die Verbreitung des Wissens selbst hochverdient, sucht alles
Wissen und alle Gelehrsamkeit in seinem eigentümlich zwie=
spältigen Wesen der absoluten Skepsis anheimzugeben, aber=
mals, um dem religiösen und zwar durchaus dogmatisch=reli=
giösen Glauben Raum zu schaffen, ohne trotz allen ernsten
Ringens Pascals Innerlichkeit zu erreichen.

Die religiösen Dogmen sind dem Erkennen nicht etwa
bloß unerreichlich, sondern sie stehen im direkten Widerspruch
zur Vernunft. Aber gerade darum müssen sie geglaubt wer=
den. Begreifliches und Vernünftiges zu glauben, wäre kein
Verdienst. Wohl aber ist ein solches der Glaube an Unbegreif=
liches, Un=, ja Widervernünftiges. Mit dieser unzweifelhaft
aufrichtigen, wenn auch nicht tiefen Meinung weiß Bayle
aber Duldung zu vereinen. Denn für den sittlichen Menschen
will er der Vernunft ihr Recht lassen. Darum ist der sittliche
Wert des Menschen unabhängig von der Religion, woraus
sich für ihn eben die Forderung der gegenseitigen Duldung
und Achtung ergibt.

Der eigentliche Cartesianismus erreicht hier zunächst
seinen Abschluß. An Tiefe hat keiner dieser Denker den Meister
erreicht, obwohl sie ihm, trotz seines tiefgehenden Einflusses,

6*

alle mehr oder minder selbständig gegenüberstehen. Eine eigentümliche Stellung zu Descartes nimmt noch Pierre Gassendi (1592—1655) ein. Er ist in seinen Anschauungen von Descartesschen Einflüssen keineswegs so unberührt geblieben, wie es seine Auseinandersetzungen mit Descartes auf den ersten Blick, für den er sich nur als Gegner darstellen mag, erscheinen lassen. Die Abhängigkeit ist freilich in der Tat gering und liegt auf erkenntnistheoretischem Gebiete, ohne hier, bei Gassendis Mangel an originaler Kraft des Denkens, besondere Ergebnisse zu zeitigen. Was er an Descartes bekämpft, sind dessen metaphysische Anschauungen, die für Descartes selbst nur methodische Hilfsmittel zur Grundlegung des Erkennens waren. Er lehnt vor allem die rationale Begründung der Gottesidee ab, um dem Kirchenglauben — Gassendi war katholischer Priester — möglichste Selbständigkeit zu sichern. Dabei teilt er aber mit Descartes das mathematisch=naturwissenschaftliche Interesse, ohne aber auch den naturphilosophischen Standpunkt zu teilen. Für Galilei zeigt er ein regeres Interesse, als es der vorsichtig zurückhaltende Descartes tat. Was dem Priester Gassendi aber zu besonderem Ruhme gereicht, das ist seine Wiedererweckung der Atomistik; freilich nur eine Wiedererweckung, keine originale Tat des Gedankens. Er zieht die Atomistik in der ihr von Epikur gegebenen Gestalt wieder ans Licht, stellt das von der Parteien Haß entstellte Charakterbild des alten Philosophen in seiner Reinheit wieder her und zeigt, wie materialistische Theorie und praktischer Edelsinn sich wohl vertragen. Für einen Priester war das immerhin schon eine Leistung. Wenn wir sie auch nicht als eine originale Gedankentat ansehen dürfen, so ist sie selbst immerhin auch eine geschichtliche Tat. Denn durch Gassendis Vermittlung sollte die Atomistik nicht bloß auf das philosophische, sondern auch auf das naturwissenschaftliche Denken gar bald noch lebendigen Einfluß gewinnen.

§ 10. Thomas Hobbes.

Durch Gaffendi und den Descartesschen Kreis, insbe=
sondere durch Merfenne, erlangte die Descartessche Lehre auf
einen Denker einen um so bemerkenswerteren Einfluß, als
dieser auch zu den Anschauungen Galileis eine innige Be=
ziehung gewonnen hatte. Dieser Denker ist Thomas Hobbes.
Man hat Hobbes sowohl als Sensualisten, wie als Natura=
listen und als Materialisten angesprochen. Das alles mit gutem
Grund und Recht. Aber das ist das Eigentümliche seiner
Denkart, daß Sensualismus, Naturalismus und Materialis=
mus in der Tat charakteristische Züge seines Denkens sind,
daß sie alle aber von einem gemeinsamen rationalen, ins=
besondere mathematischen Grundzuge beherrscht sind. Diese
rationale Richtung des Denkens, insbesondere dessen mathe=
matische Tendenz, die auf den unzweifelhaft tiefgehenden
Galilei-Descartesschen Einfluß zurückweist, unterscheidet Hob=
bes aufs schärfste von jener seiner landsgenössischen empiristi=
schen Richtung des philosophischen Denkens, der ihn die Hi=
storie zeitweilig einzuordnen versuchte, und rechtfertigt es,
daß wir ihn hier, dem Zusammenhange der Probleme ent=
sprechend, behandeln.

Thomas Hobbes ist im Jahre 1588 geboren. Nicht gerade
glänzende Verhältnisse waren ihm durch seine Geburt zugefallen.
Als Kind eines einfachen Landpfarrhauses mußte er frühzeitig darauf
bedacht sein, sich um seinen Lebensunterhalt umzutun, sobald er sich
die Bildung seiner Zeit, auf die sein reicher Geist natürlich nicht ver=
zichten konnte, erworben. Zu einem festen Amte bei seinen Anschau=
ungen, Anlagen und Neigungen wenig geeignet, dabei aber immer
auf wissenschaftliche Muße bedacht, wählte er zunächst den beweg=
lichen Beruf des Erziehers, der ihm in seiner Lage wohl die meiste
Zeit für eigenes Arbeiten zu verbürgen schien, mochte sozial die Stel=
lung, auch nicht sonderlich begehrenswert erscheinen. Für Hobbes
hatte seine Erzieherstellung jedenfalls einen ganz unersetzlichen Wert.
Denn sie führte ihn auf ausgedehnten Reisen nach Italien und
Frankreich. Auf solchen Reisen war es, daß er einerseits mit Galilei,

andererseits mit Mersenne und dem Descarteschen Kreise, sowie mit Gassendi, nicht aber, wie es scheint, mit Descartes selbst. bekannt wurde und in ein persönliches Verhältnis trat.

In seiner Heimat ließen den politisch so lebhaft interessierten und um die politische Theorie verdienten Mann die politischen Zeit= umstände nie eigentlich festen Boden fassen, so daß er selbst wohl lieber im Auslande, namentlich in Paris, als in seiner englischen Heimat lebte. Hochbetagt starb er im Jahre 1679.

Seine Lehre ist, wie gesagt, materialistisch, naturalistisch und sensualistisch bestimmt. Allein die beherrschende Tendenz ist doch die rationale, die über das Dogmatische des Materia= lismus, Naturalismus und Sensualismus hinausführt und diesen Standpunkten in letzter Linie doch methodische Bedeu= tung vindiziert.

So bilden Sinnlichkeit und Erfahrung für Hobbes zwar den Ausgangspunkt der Forschung. Aber ist es schon für seine ganze Denkweise bezeichnend, daß er die analytische Methode als den Weg seines Forschens wählt, so stellt der Umstand, daß er auf analytischem Wege zu den Prinzipien zu ge= langen sucht, sein Denken noch in ein klareres Licht.

Zunächst freilich haben Analyse wie Prinzipien bei ihm noch eine unbestimmt schillernde Bedeutung. Auf der einen Seite steht er ganz in der Nähe von Galilei und Descartes, wenn er von gegebenen Ausgangspunkten her vermittelst der analytischen Methode die Grundlagen des gegebenen Tat= sächlichen zu entdecken sucht, vermittelst deren sich eben dieses Tatsächliche muß erklären lassen, während die Grundlagen am Tatsächlichen sich müssen verifizieren lassen. Auf der an= deren Seite freilich wird die Festlegung jener Grundlagen, die für den mathematisch strenger denkenden Geist eines Ga= lilei und Descartes zur Aufgabe der Entdeckung durch die analytische Methode wird, bei Hobbes zu einer Art von Über= einkommen nach Art einer heute in gewissen französischen Mathematikerkreisen beliebten Auffassung. Allein diese letz=

tere verfehlte Wendung war wohl mehr die bloß unglückliche
Ausdrucksform des an anderer Stelle glücklicher gefaßten
Gedankens, daß jene Prinzipien, als Grundlagen alles Be=
weisens, sofern man unter Beweisen bloß das Ableiten ver=
mittelst des Schlußverfahrens versteht, nicht bewiesen werden
können, daß sie aber den Beweis durch analytisches Ver=
fahren, die Aufdeckung und Auffindung fordern. In diesem
Sinne spricht Hobbes ausdrücklich von ihrer „i n v e n t i o".
Auf diese Weise die verfehlte Wendung, daß sie auf Über=
einkommen beruhten, wieder beiseiteschiebend, macht Hobbes
sich den Blick abermals frei für den Galilei=Descartesschen
Gedanken, daß die analytische Methode die Entdeckung
(inventio) der Grundlagen des Gegebenen zu leisten
habe, um am Gegebenen die Grundlagen verifizieren und
das Gegebene aus den entdeckten Grundlagen erklären zu
können.

Solcher Grundlagen oder Prinzipien unterscheidet Hobbes
nun strenggenommen folgende vier: mathematische Größen=
bestimmung, Kausalität, Masse, Bewegung; und als allge=
meinen, sie alle vereinigenden Grundsatz spricht er aus: Jede
Veränderung ist kausalbestimmte, quantitative Massenbe=
wegung. Zu jenen Prinzipien führt nach ihm die Analyse der
Sinnlichkeit als deren Bedingungen, und aus ihnen läßt sich
die Empfindung selbst als eine Art der Bewegung wieder be=
greifen. Was von der Empfindung gilt, das gilt aber auch
von allen geistigen Vorgängen sonst. Denn sie sind nichts an=
deres als eine Art mathematisierten Empfindens. Im Den=
ken, im Gedächtnis usw. verbinden und trennen wir nur
Empfindungsinhalte, wie wir beim Rechnen hinzuzählen und
abziehen.

Die Wissenschaft wird so zur rationalen, mathematischen
M e c h a n i k im weitesten Sinne des Wortes, im p h y s i s c h e n,
wie im m o r a l i s c h e n.

Im physischen Sinne müssen wir strenggenommen bei Hobbes weiter unterscheiden zwischen der eigentlich physikalischen und der psychophysiologischen Mechanik, welche letztere wiederum in eine Intellektualmechanik und eine Willensmechanik zerfällt.

Die Willensmechanik bildet den Übergang von der physischen zur moralischen Mechanik, den Abschluß der ersten und die Grundlage der zweiten.

Wenden wir uns zunächst der physischen Mechanik zu, so bildet deren erste Problemepoche die physikalische Mechanik. Deren Prinzipien sind Größe, Kraft und Masse schlechthin. Auf die physikalischen Grundbegriffe der Masse, die zunächst bei Hobbes nichts anderes als Körperlichkeit schlechthin bedeutet, und der Kraft, die im Galileischen Sinne lediglich die Bewegungsfähigkeit ausdrücken will, erhält so mit dem mathematischen Größenbegriff die Mathematik physikalische Anwendung. Dadurch wird die Kraft zur Bewegungsgröße und die Masse zum Atomkomplex, indem zugleich die von Gassendi wiederentdeckte Atomistik bei Hobbes zu weiterer Entfaltung gelangt. Die physikalisch-mechanische Betrachtungsweise wird für Hobbes zur Grundlage der gesamten Mechanik und damit wird diese in letzter Linie auf atomistische Kräfte und atomistische Bewegung basiert, worauf endlich alles Geschehen in der Welt zu reduzieren ist.

Das gilt auch vom psychologischen Geschehen, so daß sich die eigentlich physikalische Mechanik zur psychophysiologischen Mechanik erweitert. Die Psychophysik ist für Hobbes Mechanik des psychophysiologischen Geschehens.

Zur Charakteristik der Hobbesschen Lehre als Materialismus erwähnten wir bereits, daß ihm auch die Empfindung zur Massenbewegung wird. Aus Empfindungen bauen sich ihm aber alle übrigen intellektuellen Prozesse auf, so daß ihm

alles intellektuelle Geschehen zu mathematisch bestimmbaren
Bewegungsvorgängen wird. In dieser Beziehung also ist
sein mechanistischer Standpunkt Intellektualmechanik.
Streng mechanisch bestimmt ist ihm auch Wollen und Be=
gehren. Insofern ist er strenger Determinist, und sein Deter=
minismus ist Willensmechanik. Als erstes und oberstes
Grundgesetz dieser Willensmechanik gilt ihm der Selbst=
erhaltungstrieb. Auf dem Egoismus beruht nach ihm auch
der sogenannte Altruismus, der nur eine besondere Art von
Egoismus, verfeinerter, weniger zutage liegender Egoismus
ist. An und für sich ist der Selbsterhaltungstrieb jedes einzel=
nen zugleich der natürliche Feind des Selbsterhaltungstriebs
aller anderen. Denn an und für sich ist jeder auf seine eigene
Selbsterhaltung bedacht und muß notwendig bekämpfen, was
mit dieser kollidiert. Solche Kollisionen macht aber das natür=
liche Dasein unvermeidlich, weil es dem Willen verschiedener
Wesen oft gleiche Willensobjekte darbietet. So entstehen die
mannigfachsten Leidenschaften, unter denen Haß und Neid
die hervorstechendsten sind. Aus diesen Leidenschaften ent=
spinnt sich ein Kampf um die Macht, der zu einem allgemei=
nen Kampfe ums Dasein, einem Kampfe aller gegen alle,
einem bellum omnium contra omnes wird. Nun ist es aber
ein zweites Grundgesetz der Hobbesschen Willensmechanik,
daß ein gegenseitiger Ausgleich des Selbsterhaltungstriebes
der einzlenen eben diesen einzelnen die Selbsterhaltung selbst
verbürgen, die ursprüngliche gegenseitige Gefährdung über=
winden und allen gemeinsame Vorteile verschaffen hilft.
Darauf aber werden die Einsichtigen bedacht sein und deshalb
werden sie den gegenseitigen Ausgleich ihres Selbsterhal=
tungstriebs erstreben.
    An diesem Punkte schlägt nun die physische Mechanik in
die moralische Mechanik bei Hobbes um. Jener durch das
zweite willensmechanische Grundgesetz bestimmte Ausgleich

wird zugleich sittliches Ziel. Dieses ist aber nur zu erreichen in einer zu sozialem Zusammenhange organisierten Gemein= schaft. Sie führt zur Überwindung des durch den Selbster= haltungstrieb an und für sich gesetzten allgemeinen Kampf= zustandes, zu einem Zustande des friedlichen Ausgleichs des Selbsterhaltungstriebs der einzelnen. Für den einzelnen ent= springen nun in der Gemeinschaft die jenen Ausgleich und Frieden bedingenden Tugenden, deren bedeutsamste Selbst= beherrschung und Gerechtigkeit sind. Die Gemeinschaft aber bedarf für ihre Existenz und ihren Bestand gewisser Gesetze. Diese sind aber nur vom Staate mit Sicherheit und Festigkeit zu erwarten. So wird der Staat zur Form der Gemeinschaft, ohne die die Gemeinschaft selbst nach Hobbes nicht gedacht werden kann. Der Staat aber kann nur dann einerseits ge= setzliche Sicherheit und andererseits den harmonisierenden Ausgleich der verschiedenen Selbsterhaltungstriebe gewähr= leisten, wenn alle Gewalt der Staatsregierung anheimge= geben ist, wenn der einzelne zugunsten der Staatsgewalt auf alle Eigengewalt verzichtet. In einem stillschweigend oder offensichtlich geschlossenen Vertrage müssen sich alle ein= zelnen der Allmacht des Staates unbedingt unterwerfen und der Regierung absolute Gewalt einräumen. So wird Hob= bes zum Philosophen des extremsten Absolutismus. Selbst= beherrschung heißt ihm bedingungslose Unterwerfung, Ge= rechtigkeit blinder Gehorsam gegen die Staatsgewalt. Der Staatsgewalt räumt er auch die Entscheidung in allen reli= giösen Dingen ein. Die Religion ist ihm ja doch nur eine Form des Aberglaubens, nämlich staatlich anerkannter Aberglaube. Wie der Aberglaube im allgemeinen, so ist nach ihm gleicher= maßen im besonderen auch die Religion entsprungen aus der Furcht vor noch unerklärten Naturerscheinungen, die als un= sichtbare Mächte angesehen werden. Die spezifische Differenz der Religion vom Aberglauben überhaupt ist lediglich die

staatliche Anerkennung. In seinem Leviathan hat Hobbes
die berühmten Definitionen aufgestellt: „Aberglaube ist
Furcht vor unsichtbaren Mächten, die der Staat nicht aner=
kennt, Religion ist Furcht vor unsichtbaren Mächten, die der
Staat anerkennt." Für die Stellung der Religion im Staate
ergibt sich darum die Konsequenz: Nicht der Staat ist von
Gnaden der Religion, sondern die Religion von Gnaden des
Staates. Für eigene Überzeugung ist in dieser Theorie kein
Raum. Glaube oder Aberglaube gilt gleichviel, wenn er nur
vom Staate verordnet ist. Religiöse Toleranz darf der Staat
nicht kennen. Aber gerade darum kann es der einzelne auch
mit den religiösen Dogmen nicht so ernst nehmen. Der er=
zwungene Glaube kann auch nach Hobbes kein eigentlicher
überzeugungsvoller Glaube sein, sondern ein bloßes Sich=
gefallen=lassen der vom Staate einfach statutarisch bestimm=
ten Glaubenssätze. Es stimmt ganz wohl zur absolutistischen
Staatstheorie von Hobbes, wenn er sagt, „man müsse die
religiösen Dogmen zum Wohle der Seele ebenso hinunter=
schlucken, wie die Pillen des Arztes zum Wohle des Leibes,
ganz und ungekaut", setzt doch in letzter Linie gerade die voll=
kommene Ablehnung aller religiösen Toleranz eine gewisse
innere Beziehungslosigkeit zu echter Religiosität voraus. Von
den rein mechanistischen Prinzipien her wäre es freilich ebenso
konsequent gewesen, wenn Hobbes im Staate überhaupt
keine Religion geduldet hätte.

Freilich ist in letzter Linie der mechanistische Standpunkt
von Hobbes kein rein dogmatischer geblieben. Von seinen
Prinzipien der Größe, Kausalität, Masse, Bewegung ist zu=
nächst allerdings nur der Größenbegriff in seiner rein mathe=
matisch=logischen Natur erkannt, während Kausalität, Masse,
Bewegung noch nicht den ontologischen Charakter ganz ab=
gestreift und sich zur Klarheit des reinen Prinzipiencharakters
erhoben haben. Allein gerade von seinem Sensualismus her

gelangt Hobbes zu phänomenalistischen Erkenntnissen. Er be=
greift schließlich, daß die Empfindung kein Abbild des Emp=
fundenen sein könne, daß Empfindung und Empfundenes
sich nicht restlos decken. Hat er auch seine naturalistisch=mecha=
nistischen Prinzipien noch nicht als rein logische Prinzipien
erkannt, und darum auch seinen naturalistisch=sensualistischen
Materialismus noch nicht rein zum Phänomenalismus aus=
drücklich und explizite entwickelt, so hat er doch, insofern sein
materialistischer Standpunkt nicht ganz im Dogmatischen ver=
bleibt, sondern durch seinen Sensualismus gerade wenigstens
implizite, phänomenal gerichtet wird, dazu bedeutsame Im=
pulse gegeben. Er bleibt Sensualist, Materialist und Natu=
ralist, aber gerade weil zuletzt doch die Sinne kein absolutes
Abbild von Materie und Natur geben, können ihm Natur
und Materie in ihrer sinnlichen Gegebenheit doch nicht letzte
Absoluta sein. Gegeben bleibt zuletzt doch auch für Hobbes
nur ihre Erscheinungsweise. Wenn wir die Empfindung auch
selbst als Bewegung begreifen, so enthält dieses Begreifen
der Bewegung doch ein Problem, das über die Bewegung
hinaus liegt, ein Problem, zu dem der rationale Zug in seinem
Denken zwar den Philosophen Hobbes treibt, dessen Auf=
lösung ihm indes noch vorenthalten bleiben sollte. Daß er
aber wenigstens an das Problem herantrat, beweist, daß, so
sehr er Sensualist, Materialist und Naturalist war, ihm zuletzt
Sensualismus, Materialismus und Naturalismus doch nicht
als definitive dogmatische Standpunkte gelten konnten und
er wenigstens um ihre methodische Auffassung bemüht war,
mochte in ihm diese auch noch nicht zur Ausbildung oder gar
zur Vollendung gelangt sein.

§ 11. Baruch Spinoza.

Die Problemtendenz Descartes' und seiner Schule auf der
einen Seite und diejenige von Hobbes auf der anderen Seite

fanden eine ungemein interessante und durchaus originale vereinigende Weiterbildung in der Lehre Spinozas. Dabei ist der Einfluß Descartes' vorwiegend theoretisch=philoso= phischer Art; derjenige von Hobbes aber erstreckt sich in erster Linie auf die praktische Seite der Lehre Spinozas, ist aber doch im theoretischen Teile nicht, wie man meist annimmt, ganz ausgeschaltet. Die Lehre Spinozas scheint in der neue= sten Zeit im gleichen Maße für das Interesse des wissenschaft= lich=philosophischen Denkens zurücktreten zu sollen, wie sie für das populär=philosophische Denken in den Vordergrund gerückt worden ist. Und beides mit gleichem Unrecht. Der oberflächliche vulgäre Monismus, wie er sich in unseren Ta= gen breit macht, beruft sich ohne allen Rechtsgrund auf den Monismus Spinozas, wenn man dessen Lehre einmal so be= zeichnen will. Und die wissenschaftliche Forschung würde sich eines Mittels historischen Verstehens begeben, wollte sie Spi= noza auch fürderhin nicht ihre ganze Aufmerksamkeit wid= men. Ich rede nicht von jenen abgeschmackten Versuchen, die heutzutage manchmal auftauchen, um selbst die Partei= leidenschaft gegen Spinoza rege zu machen, sondern von der ernsten Forschung. Sie wird nicht übersehen dürfen, welche geschichtliche Wirkung die Lehre Spinozas auf die Besten unseres Geisteslebens geübt hat. Die wissenschaft= liche Philosophie richtet sich freilich zu ihrem eigenen Heile mehr und mehr auf den Erkenntnisgehalt der philo= sophischen Lehren. Und wenn sie hier einem Descartes den Vorzug vor Spinoza gibt, so hat sie dazu allen Grund. Allein ebensosehr, wie die Lehre Descartes' derjenigen Spinozas an Erkenntnisgehalt überlegen ist, ist die Lehre Spinozas derjenigen Descartes' an systemgestaltender Kraft überlegen. In dieser aber liegt ihre große geschichtliche Wirk= samkeit, ihr Einfluß auf die Blüte unserer Literatur, so daß in der Tat auch unsere Zeit nicht nur zu deren Verständnis der Lehre Spinozas bedarf, sondern auch ihr gerade wegen des Einflusses auf diese Literatur noch keineswegs selbst ent= wachsen ist. Das gilt, auch wenn man diesen Einfluß nicht überschätzt.

Spinoza ist im Jahre 1632 als Kind portugiesischer Juden in Amsterdam geboren. Er empfing zunächst die gelehrte jüdische Bil= dung. Ohne jedoch bei ihr Befriedigung zu finden, kam er in Be= rührung mit Kreisen des modernen naturwissenschaftlichen und phi= losophischen Denkens, in denen aber besonders Descartes und Hobbes studiert wurden. Der Glaube seiner Väter ward ihm fremd. Spinoza, der nichts mit solcher rücksichtsloser Liebe und religiöser Inbrunst suchte, als die Wahrheit, konnte seine Überzeugung hinter der Maske der Unwahrhaftigkeit nicht verbergen. Die Konflikte mit der jüdi= schen Synagogengemeinde konnten nicht ausbleiben. Ihr Resultat war, da ihn keine Anlockung zur Unterwerfung verführen konnte, die Ausstoßung aus der Gemeinde. Völlig vereinsamt und auf sich selbst gestellt, dabei krank und schwächlich, aller Hilfsmittel entblößt, lebte er dennoch ein ganz der Erkenntnis der Wahrheit gewidmetes Leben, wie es reiner und lauterer nicht gelebt werden kann. Um völlig unabhängig zu sein, lehnte er auch die Unterstützung einiger wissenschaftlicher Freunde, die ihm noch geblieben waren, ab und erwarb sich den Unterhalt seines Lebens, das keine anderen Bedürf= nisse als die Selbstbelehrung hatte, durch Schleifen optischer Gläser. Die Verfolgungen ruhten nicht. Wie Descartes, so mußte auch Spi= noza öfter seinen Aufenthalt wechseln, bis er im Haag zunächst seine Ruhe fand. Als aber seine ersten Schriften erschienen, begann der Lärm in allen theologischen Lagern. Auch die christliche Theologie, nicht bloß die jüdische, ward nun gegen ihn rege. Seine Freunde selbst wurden ängstlich. Vereinsamter denn je stand er in der Welt, als er sein Hauptwerk vollendet. Schon das Gerücht, daß es erscheinen sollte, verursachte einen Aufruhr gegen ihn. Er konnte eine Wirkung dieses Werkes erst von der Zeit nach seinem Tode erhoffen, der ihn denn auch im Jahre 1677 von seinem körperlichen Leiden und seinen Verfolgungen erlöste, die er mit Geduld, ohne Haß und Groll in edlem, selbstlosem Verzicht getragen, als bleibendes Vorbild im Dienste des philosophischen Gedankens.

Das einzigartig Charakteristische der Philosophie Spino= zas nun liegt darin, daß sie durchaus ethisch=religiös geprägt ist und dabei die sittlich=religiöse Grundstimmung auf einen

durchaus rationalen Ausdruck, ja in eine mathematische Dar=
stellung zu bringen sucht. Das sittlich=religiöse Ziel beherrscht
die Gesamtheit seiner Schriften und in seinem Dienste steht
auch das Hauptwerk, die „Ethik", obwohl das gerade die ra=
tionale Methode auf den präzisesten Ausdruck zu bringen
sucht, indem es „more geometrico" verfahren soll. Allein
dieses rationale Verfahren dient so sehr der sittlich=religiösen
Grundstimmung, daß auch die vermittelst dieses Verfahrens
gewonnene Metaphysik nur die Grundlegung der sittlich=reli=
giösen Überzeugung anstrebt. Aus diesem Grunde hat das
Hauptwerk seinen Namen, der sich darum vollkommen recht=
fertigt. Die religiöse Stimmung ist trotz der Abstraktheit der
Darstellung so tief und ernst, daß im Denken Spinozas Reli=
giosität und Rationalismus eine so innige Vereinigung ein=
gegangen sind, wie wohl nirgends sonst in der Geschichte des
menschlichen Denkens.

Was nun zunächst die rationale Methode Spinozas an=
langt, so würden wir ihr nicht ganz gerecht werden, wollten
wir sie lediglich als deduktiv synthetisch ansehen. Gewiß ist
Spinoza vorwiegend synthetischer Denker. Und wenn man
nur sein Hauptwerk kennen würde, müßte man meinen, er
sei das ausschließlich. Dieses geht aus von Definitionen, Axio=
men und Postulaten und leitet aus ihnen, wie Euklid in seiner
Geometrie, einen Lehrsatz nach dem anderen ab. Jene De=
finitionen, Axiome und Postulate erscheinen nun in der
„Ethik" wie aus der Pistole geschossen, nicht aber selbst durch
logische Operationen gewonnen. Spinoza weiß aber nach dem
Vorgange Descartes' sehr wohl, daß jene allgemeinen Grund=
lagen erst zu gewinnen sind, ehe wir sie zu Beweisprämissen
verwenden dürfen, er weiß auch, daß es der analytische Weg
ist, der zu ihnen führt, und endlich glaubt er, diese Analyse
für seine Grundlagen geleistet zu haben, nicht zwar in seinem
eigentlichen Hauptwerke, sondern in einer früheren, aber nicht

vollendeten Schrift[1]). Sehen wir freilich näher zu, so zeigt
sich bald, daß Spinoza erheblich weniger Erkenntnisanaly=
tiker ist, als Descartes. Er glaubt zwar, seine Grundlagen
durch Analyse gewonnen zu haben, hat das in Wahrheit aber
nicht. Sie sind viel weniger der streng begrifflichen, als der
von ihm selbst, wie wir noch sehen werden, viel höher ge=
stellten intuitiven Denkart entsprungen, der er auch die Er=
kenntnis der Grundlagen ausdrücklich zuweist, die bei ihm
aber die Bedeutung unmittelbarer Erkenntnis hat. Wenn er
darum auch nicht ausschließlich synthetischer Denker ist,
so ist er das doch in erster Linie. Und in seinem Hauptwerk,
der Ethik, die durchaus an dem mathematischen Verfahren
Euklids orientiert ist, nach dessen Muster sie mit „Lehrsätzen"
und „Beweisen" operiert, die sie aus jenen Definitionen und
Grundsätzen ableitet, hat sein Denken den ihm adäquatesten
Ausdruck gefunden.

Der Begriff nun, der an der Spitze des Inhalts seiner
Lehre steht und diese durchaus beherrscht, ist der Begriff der
Substanz. Schon bei Descartes erwies sich schließlich die Ten=
denz wirksam, die Gottheit allein als Substanz im eigent=
lichen Sinne als von aller anderen unabhängige, absolute
Substanz gelten zu lassen und in ihr die gemeinsame Wurzel
von Geist und Körper zu sehen, die so durch eine bedeutsame
erkenntnistheoretische Wendung hinsichtlich des Substanz=
begriffes zwar nicht der materialen Realität, aber doch der
Gott allein vorbehaltenen Absolutheit entkleidet wurden.
Die Schule Descartes' führt diese Tendenz weiter, und na=
mentlich war es der Okkasionalismus, der alles in Gott sein,
wirken, erkennen und erkannt werden ließ und den Gedanken
des substantiellen Seins mehr und mehr auf die Gottheit ein=
zuschränken und aus ihr alles übrige Sein und Geschehen zu

---

[1]) Sie handelt „Über die Ausbildung des Verstandes", die von vornherein
unter dem Gesichtspunkte der religiösen Erkenntnis, also dogmatisch unternommen
werden soll.

verstehen suchte. Die höchste Bedeutung erreichte diese Auf=
fassung der Substanz nun bei Spinoza. Unter Substanz ver=
steht Spinoza zunächst „das, was in sich ist und durch sich be=
griffen wird, d. h. dessen Begriff nicht den Begriff eines an=
deren Dinges voraussetzt". Die Bestimmungsstücke des We=
sens der Substanz nennt er Attribute. Demnach definiert
Spinoza das Attribut als „das, was der Verstand als das
Wesen der Substanz ausmachend an dieser erkennt". Gott
aber „heißt die Substanz, die aus unendlich vielen Attributen
besteht, deren jedes ewige und unendliche Wesenheit aus=
drückt". Das Attribut ist also das Wesenbestimmende der Sub=
stanz. Darum muß es auch, falls es verschiedene Substanzen
gibt, das Unterscheidungsmerkmal zwischen diesen sein. Da
aber die göttliche Substanz alle Attribute in sich schließt, kann
es außer ihr keine Substanz geben, der irgendeines der un=
endlich vielen Attribute zukäme. Weil aber endlich das Attribut
zum Wesen der Substanz gehört, ja dieses „Wesen ausmacht",
kann es also überhaupt nur die eine Substanz der unendlichen
und unendlich vielen Attribute geben. „Alles ist in Gott, und
alles, was geschieht, geschieht allein nach den Gesetzen des
unendlichen Wesens Gottes und geht aus der Notwendigkeit
dieses seines Wesens hervor."

Diese eine göttliche Substanz aber ist notwendig, weil es
„zum Wesen der Substanz überhaupt gehört", daß sie ist.
Weil sie durch sich ist, kann sie „von nichts anderem hervor=
gebracht werden, ist sie also notwendig die Ursache ihrer selbst,
d. h. (nach ihrer Definition) ihr Wesen schließt notwendig die
Existenz ein, oder zu ihrem Wesen gehört die Existenz". Weil
aber die Existenz zum Wesen der Substanz gehört, weil ferner=
hin Gott die eigentliche und einige Substanz ist — formal
bündig ist der Schluß aus den Prämissen, diese selbst sind
freilich stark ontologisch bedingt —, darum ist Gott notwen=
dig selbst.

Da aber Gott notwendig ist, er also niemals nicht gewesen
sein kann und ebenso wird niemals nicht sein können, folgt
aus seinem notwendigen Sein auch sein ewiges Sein, aus
seiner Notwendigkeit auch seine Ewigkeit; damit aber, weil
die Attribute das Wesen der Substanz „ausmachen" und die
Substanz ebensowenig ohne Attribute, wie die Attribute ohne
Substanz sein können, auch die Ewigkeit der Attribute. Da
weiter Gott einig ist in sich, folgt ebenso seine Unteilbarkeit.
Nehme man an, die eine Substanz sei teilbar, dann müßten
entweder die Teile das Wesen der Substanz behalten, was
zu der als unmöglich erwiesenen Mehrheit der Substanzen
führte, oder in der Teilung müßte das Wesen der Substanz
verloren gehen, was zu einer der Notwendigkeit widerspre=
chenden Aufhebung der Substanz führte, so daß ihre Unteil=
barkeit sich als die einzige Möglichkeit erweist.

Aus dieser einen, unendlichen, ewigen, unteilbaren gött=
lichen Substanz „folgt" nun die Gesamtheit und unendliche
Mannigfaltigkeit aller Dinge. Die Klimax der Folge aber
wird bestimmt durch die unendlichen Attribute, da sie ja
das Wesen der Gottheit bilden. Weil diese Attribute aber
selbst von Ewigkeit her sind, so ist dieses „Folgen" kein eigent=
lich zeitlich=dynamisches, sondern ein logisches Folgen selbst
von Ewigkeit her, rein logische Funktion; ratio und causa,
Grund und Ursache, sind eines und dasselbe. Da weiter im
göttlichen Wesen alle unendlichen Attribute vereinigt sind,
so müssen in ihnen allen jene Funktionen einander parallel
gehen. Der Funktion in dem einen muß eine Funktion in
dem anderen entsprechen. Das besagt die Lehre vom Paral=
lelismus der Attribute. Die Schwierigkeiten, die dieser Lehre
anhaften, hat am besten Otto Baensch (Arch. f. Gesch. d.
Philos. XX, 4, S. 470ff.) aufgehellt. Er unterscheidet tref=
fend einen dreifachen Parallelismus: 1. den metaphysischen,
der die Korresponsion der funktionalen Folge in den verschie=

denen Attributen bezeichnet; 2. den ideellen, der die Idee als
funktionale Folge des Denkattributs in ihrer Korresponsion
zur funktionalen Abfolge der übrigen Attribute bezeichnet;
3. den erkenntnistheoretischen, „der", wie Baensch sagt, „die
Übereinstimmung des Systems der Wissenschaft mit dem
System der Wirklichkeit, oder des Systems der Idealgründe
mit dem System der Realgründe aussagt" (a. a. O. S. 471).

Das unendliche Wesen der göttlichen Substanz wird an
sich notwendigerweise von unendlich vielen unendlichen Attributen ausgemacht. Uns sind davon aber nur die Attribute
der Ausdehnung und des Denkens bekannt. Der zwischen
ihnen bestehende (jetzt als psychophysisch bezeichnete) Parallelismus ist also nur „ein besonderer Fall und ein besonderer
Teil des allgemeinen metaphysischen Parallelismus" (Baensch
a. a. O. S. 483).

Aus Gott und seinen Attributen gehen nach dem Prinzip
der funktionalen Ewigkeitsfolge die Dinge hervor als Funktionen, oder wie Spinoza sagt, „Modi" der göttlichen Attribute. Sofern diese Modi nun in der Gottheit selbst ihren metaphysischen Ort von Ewigkeit her haben, sind sie selbst ewig.
Das aber, wofür diese unendlichen Modi selbst wieder bestimmende Gesetze des Seinszusammenhanges sind, die einzelnen Dinge also sind endliche Modi. Aus dem göttlichen Wesen und seinen Attributen folgen, so können wir sagen, die unendlichen Modi als Gesetzeszusammenhänge der einzelnen
Dinge der endlichen Modi. So glaubte Spinoza das unendlich
mannigfaltige Einzelne aus dem Einen begreifen zu können. Man könnte mit Rücksicht auf die Bestimmung der Folge
das nicht ganz leicht zu übersehende Verhältnis vielleicht folgendermaßen aussprechen: Die göttliche Substanz mit ihren
Attributen ist schlechthin folgebestimmend. Die Totalität der Modi ist in der Folge bestimmt. Die unendlichen
Modi sind gegenüber Substanz und Attributen also zwar

ebenfalls bestimmt, den endlichen Modi gegenüber aber
bestimmend, und zwar bestimmend gemäß ihrer eigenen
Bestimmtheit durch Substanz und Attribute. Die endlichen
Modi sind schlechthin bestimmt.

Insofern nun schlechthin bestimmend nur Substanz und
Attribute sind, heißen sie „natura naturans". Unter ihr ver=
steht Spinoza ausdrücklich, „was in sich ist und durch sich be=
griffen wird[1]), oder solche Attribute der Substanz, die ewiges
und unendliches Wesen ausdrücken". Insofern aber die To=
talität der Modi, unendliche wie endliche, durch Substanz und
Attribute bestimmt sind, heißen jene „natura naturata".
Darunter wieder versteht Spinoza ausdrücklich, „alles was
aus der Notwendigkeit des göttlichen Wesens oder eines der
Attribute Gottes folgt, d. h. die gesamten Modi der Attri=
bute Gottes, sofern sie als in Gott seiend und ohne Gott we=
der als seiend noch als begreiflich betrachtet werden". An die=
sem Punkte springt auf der einen Seite die Abkunft dieses
Spinozistischen Gedankens von Descartes in die Augen, wie
auf der anderen Seite auch der Unterschied klar und deutlich
wird. Indem auch Descartes den Substanzbegriff mehr und
mehr auf die Gottheit einschränkt, ergibt auch ihm sich ein
zweifacher Naturbegriff. Auf der einen Seite versteht er unter
Natur „nihil aliud quam Deum ipsum"; das entspricht der
natura naturans oder dem deus sive natura Spinozas. Auf
der anderen Seite versteht Descartes unter Natur „rerum
creatarum coordinationem a Deo institutam"; das entspricht
der natura naturata Spinozas. So nahe sich aber hier und
somit auch in der Unterscheidung von ordo ordinans und ordo
ordinata Descartes und Spinoza auch kommen, so entschei=
dend ist doch auch die Differenz zwischen beiden. Durch die
metaphysisch=dynamische Auffassung Descartes' bleiben Gott
und Welt in dem Verhältnis von Ursache und Wirkung noch

---

[1]) Hier kehrt der Substanzbegriff direkt wieder.

schärfer getrennt als in der mehr formalen Spinozas, wo
das Verhältnis von Grund und Folge den Gedanken ur=
sächlicher Transzendenz leichter eliminieren konnte, den Des=
cartes in Wahrheit ja trotz seines: „per naturam enim.....
nihil aliud quam vel Deum ipsum, vel rerum creatarum....
etc. intelligo" nicht eliminiert hat. Spinozas Welt ist in Gott,
Descartes' Welt noch außer Gott.

Daraus ergeben sich auch noch weitere Unterscheidungs=
stücke zwischen Descartes und Spinoza, die in dessen Lehre
zugleich integrierende Bestandstücke bilden. Nach Spinoza
kann überhaupt „nichts außerhalb Gottes sein". Darum kann
er auch von nichts „zum Handeln bestimmt oder bewogen
werden; folglich handelt Gott allein nach den Gesetzen seiner
Natur und von niemand gezwungen". Darin liegt die Frei=
heit Gottes, die aber nichts zu tun hat mit einer vermeint=
lichen Willensfreiheit, weil der „Wille selbst nur ein Modus"
ist und „aus der Notwendigkeit des göttlichen Wesens folgt
und von ihr bestimmt wird, auf gewisse Weise zu sein und zu
wirken". Freiheit ist für Gott nur Freisein von äußerer Be=
stimmtheit, Bestimmtheit durch sich selbst und damit zugleich
innere „Notwendigkeit" „eigener Gesetze". Es gibt darum
auch keine Zwecke über der Gottheit. Durch eine solche An=
nahme würde für Spinoza das göttliche Wesen selbst herab=
gesetzt. Und die Zweckbetrachtung in der Natur ist für Spi=
noza nicht deshalb sinnwidrig, weil wir, wie Descartes ge=
glaubt hatte, doch keine Zwecke erkennen, sondern ebendes=
halb, weil es keine Zwecke gibt.

Auf dieser breiten metaphysischen Basis bauen sich nun
die übrigen Stockwerke des Lehrgebäudes Spinozas leicht
auf. Zunächst liefert ihm der Parallelismus die Grundlage
seiner psychologisch=erkenntnistheoretischen Anschauungen.
Wegen der allgemeinen funktionalen Abfolge in den Attribu=
ten Gottes, wonach den Funktionen der einen immer Funk=

tionen aller anderen entsprechen, muß dieses Entsprechen auch
von den uns allein bekannten Attributen, dem Denken und
der Ausdehnung, gelten. Jedem Körper entspricht danach
eine Idee. Die Idee aber ist die Seele des Körpers. Alles
Seelische ist Idee, so daß die Seelenlehre Spinozas mit Recht
gleichzeitig als Erkenntnislehre und als Ideenlehre bezeichnet
worden ist. Sie ist, um sie an einer modernen Anschauung zu
illustrieren, gerade die Umkehrung des modernen Psycho=
logismus. Wird dem Psychologismus die Erkenntnislehre
zur Psychologie, so wird für Spinoza die Psychologie zur Er=
kenntnislehre. In dieser unterscheidet er nun drei Arten von
Erkenntnissen: 1. das Erfahrungswissen als Inbegriff der un=
klaren, inadäquaten Erkenntnis; 2. das wissenschaftliche Ver=
nunftwissen, sofern es Begriff und Schlüsse zu seinem In=
halte hat; 3. die Intuition oder das anschauende Wissen, das
unmittelbar das göttliche Wesen und alles Sein als Sein
in Gott erfaßt. In der ersten Erkenntnisform wird uns nur
inadäquate Erkenntnis vermittelt. Adäquater Erkenntnis, die
allein klar und deutlich ist, werden wir nur in den durchaus
gewissen beiden anderen Erkenntnisarten teilhaftig.

Die Rationalisierung und Logisierung der Psychologie
geht bei Spinoza von seinem prinzipiellen Gesichtspunkte,
nach dem ihm der Wille selbst nur ein modus des Denkens
sein kann, so weit, daß sie eben das ganze Willensleben er=
greift. Das kommt in seiner berühmten Lehre von den Af=
fekten zum Ausdruck. Diese hat etwas eigentümlich Schillern=
des, und die Rationalisierung infolgedessen eine doppelte
Funktion. Der Affektzustand der Seele wird auf der einen
Seite geradezu als Idee betrachtet, auf der anderen Seite
behält er eine Art von triebhafter, willentlicher Selbständig=
keit, und in dieser Hinsicht spitzt sich die Rationalisierung auf
die Beherrschung und Überwindung der Triebe zu.

Im Einzelnen ihrer Ausgestaltung zeigt sich nun diese

Lehre sehr stark vom Einflusse des Hobbes beherrscht, indes nicht ohne sich in entscheidenden Stücken wieder eine volle Selbständigkeit zu wahren.

In Anlehnung an Hobbes ist der Grundtrieb der Seele der Selbsterhaltungstrieb. Er ist nur auf die Selbst= behauptung der Seele gerichtet. Auf die Natur der Seele aber kommt es an, was zu ihrer Erhaltung dient, und was diese stört und hindert. Was ihre Erhaltung fördert, das ist gut, und nur deshalb ist es gut, weil es die Erhaltung der Seele fördert. Was die Erhaltung der Seele beeinträchtigt, stört und hindert, das ist schlecht, und auch das ist nur deshalb schlecht, weil es die Erhaltung der Seele stört und hindert. Wir sehen hier eine eigentümliche Verbindung von Rationalismus und Voluntarismus sich vollziehen, die aber durchaus konsequent ist, weil von vornherein der Wille als Denkmodus und damit der Trieb als Idee gefaßt worden ist. Wenn Spinoza darum sagt: „Wir begehren nicht etwas, weil es gut ist, sondern weil wir es begehren, nennen wir es gut; und ebenso verschmähen wir nicht etwas, weil es böse ist, sondern weil wir es ver= schmähen, nennen wir es böse", so durchbricht dieser scheinbar extreme Voluntarismus seinen Rationalismus deswegen nicht, weil von vornherein alles Psychische prinzipiell ratio= nalisiert ist. Der prinzipielle Egoismus wird bei Spinoza, wie bei Hobbes, die Grundlage aller Lebensbewertung. Aus ihm leitet er alle übrigen Affekte ab, deren Pole der Affekt der Freude und der der Trauer sind. Mit Freude affiziert die Seele alles, was ihre Selbsterhaltung fördert, mit Trauer alles, was diese beeinträchtigt. Ihre mannigfachen Verbin= dungen ergeben die Mannigfaltigkeit der Affekte überhaupt.

Mit dieser Umwertung von gut und böse ist für Spinoza zugleich die Umwertung des Rechtes gegeben. Die äußerste Entfaltung des Selbsterhaltungstriebs ist für ihn zugleich Pflicht und Recht, die beide mit der die Selbsterhaltung

sichernden Macht identisch werden. Wie für Hobbes, so führt
auch für Spinoza die Entfaltung des Selbsterhaltungstriebs
zunächst freilich zum Kampfe aller gegen alle, und wieder
läßt Spinoza, genau wie Hobbes, die aus diesem Kampfe
entspringende Gefährdung der Selbsterhaltung durch den
Staat überwunden werden. Allein troß der naturalistischen
innigen Übereinstimmung machen sich einige tiefgreifende
Differenzen auf Grund des bei Spinoza schärfer ausgepräg=
ten Rationalismus geltend. Zunächst wegen des rationali=
stischen Charakters auch des Trieblebens ist es nach Spinoza
die Vernunft, die die Selbsterhaltung am sichersten gewähr=
leistet. Weil aber in bezug auf Vernunft alle Menschen über=
einstimmen, insofern die Vernunfterkenntnisse für alle gelten
— hier sieht man vielleicht am deutlichsten die Logisierung
des Psychologischen —, so muß, wer seine eigene Selbster=
haltung fördert, zugleich die aller anderen fördern, der größte
Egoist zugleich dem Allgemeinwohl am besten dienen. So=
dann: Gerade wegen der Allgemeinheit der Vernunftbe=
stimmung kann sich Spinoza nicht zu dem Opfer des Indivi=
duums, dem absoluten Staate und anderen bevorrechteten
Individuen gegenüber, mit Hobbes entschließen. Gewiß ist
auch ihm der Staat nur eine zur Überwindung des Kampfes
aller gegen alle und zur Sicherung und Förderung der Selbst=
erhaltung aller getroffene Einrichtung. Aber gerade der Ab=
solutismus unterbindet die freie Entfaltung der Selbsterhal=
tung aller, weil er die Macht aller zugunsten der wenig Re=
gierenden unterbindet. Der harmonische Ausgleich der Selbst=
erhaltung und deren allgemeine größtmögliche Entfaltung
kann sich — das ist der tiefste Gegensatz gegen Hobbes — im
absolutistischen Staate gerade am wenigsten vollziehen. Sie
wird nach Spinoza am sichersten von der republikanischen
oder aristokratischen Verfassung geleistet. Spinoza schwankt
in seinen Anschauungen zwischen Republik und Aristokratie.

Doch läßt sich in diesen Anschauungen insofern Einheit her=
stellen, als Spinoza mit der Aristokratie nicht die der Geburt,
sondern die des Geistes meint, daß die Aristokraten ihm die
Besten, in seinem Sinne die Vernünftigsten sind, daß auch
nach ihm, so könnte man fast seine Ansicht ausdrücken, die
Philosophen Herrscher und die Herrscher Philosophen sein
sollen.

Weil aber gerade die Vernunft es ist, die die Selbsterhal=
tung sichert, so ist sie es auch, die den Menschen von den jene
störenden Leidenschaften und Affekten befreit, die Leiden=
schaften und Affekte selbst durchaus vernünftig gestaltet. Die
höchste Erkenntnis ist zugleich Gegenstand des höchsten Be=
gehrens und darum das höchste Gut. Ihr Inhalt aber ist die
Gottheit mit ihrer ewigen Allwesenheit und Allwirksamkeit.
Die höchste Selbsterhaltung aber wieder ist das Emporsteigen
und Teilnehmen der Seele am göttlichen Wesen. Durch die
Teilnahme am Ewigen gewinnt sie selbst ewigen Bestand
und ewige Dauer und streift alle Vergänglichkeit ab. Ihr
höchster Affekt ist die Liebe zu Gott, die selbst eines ist mit
der Vernunft: amor intellectualis. In ihr aber liebt, insofern
ja alles, was ist und geschieht, allein in Gott ist und geschieht
und darum auch die Seele eine modale Funktion des gött=
lichen Wesens ist, die Gottheit sich selbst. In der Liebe, in der
die Seele sehnend sich zur Gottheit emporschwingt, findet
sich die Gottheit selber wieder. Es ist der „amor intellectualis,
quo Deus se ipsum amat".

Darin aber gleichet der Gottheit Spinozas auch seine
Lehre: Wie im amor intellectualis gleichsam die Gottheit zu
sich selbst zurückkehrt, so kehrt in ihm auch die Philosophie
Spinozas zu sich selbst zurück. Ihr ist Gott in Wahrheit das *A*
und das Ω. Die breite metaphysische Basis mit ihrer rationa=
listischen Abstraktheit, die praktische Philosophie mit ihrer rück=
sichtslosen Strenge, sie bezeichnen nur Etappen jenes Weges,

auf dem die religiöse Seele in heißer Inbrunst nach der Selbst-
entfaltung zur und Selbsterhaltung in der ewigen Seligkeit
der Gottheit sich sehnend emporgerungen hat.

§ 12. Gottfried Wilhelm Leibniz.

Wie Descartes der eigentliche Begründer der rational-
methodischen Denkungsart auf dem Gebiete der Philosophie
ist, so ist Spinoza ihr wirkungsvollster Systembildner. Von
beiden gehen Gedankenströmungen reichster Wirkungsfülle
aus, die in Leibniz eine so durchaus originale Vereinigung
finden, daß er in der Geschichte der vorwiegend rational gerichteten Philosophie ihrem originalen Begründer Descartes und dem originalen Systembildner dieser Bewegung,
Spinoza, als der originale wissenschaftlichste Vollender
dieser Denkart sich hinzugesellt. Die zeitliche Vollendung ist
damit noch nicht erreicht. Aber, was auf Leibniz noch in dieser
Richtung geschichtlich folgt, das kann sich an wissenschaftlichem
Gehalt, an Umfang und Tiefe des Gedankens seiner Leistung
nicht vergleichen.

Leibniz ist am 21. Juni 1646 geboren. Schon als Knabe entfaltete er eine so auffallende Fähigkeit und erwarb sich eine so reiche
Gelehrsamkeit auf allen Gebieten des Wissens, daß er auf den Universitäten in Leipzig, wo sein Vater Professor war, und in Jena
kaum noch viel zu lernen fand. Er habilitierte sich zu Leipzig in der
philosophischen Fakultät und promovierte zu Altdorf zum Dr. juris.
Bald gab er aber die Laufbahn des Universitätslehrers auf und kehrte
nie wieder zu ihr zurück, obwohl dem kaum Zwanzigjährigen eine
Professur angeboten worden war. Seiner Universalität war die
universitas litterarum seiner Zeit zu eng. Er umfaßte nicht nur
das Wissen seiner Zeit in einer nie wiedererreichten Weise, er erschloß
seiner Zeit auch neue Gebiete des Wissens. Und es gibt keinen Zweig
der Wissenschaft, der ihm nicht irgendwie neue Impulse, neue Vertiefung, neue Bereicherung zu verdanken hätte, sei es nun in philosophischer, mathematischer, naturwissenschaftlicher, geschichtlicher,
juristischer, theologischer Beziehung; und auf einigen dieser Gebiete,
auf dem philosophischen, dem hier unsere Betrachtung des Leibniz
gilt, und eng zusammenhängend damit, auf dem mathematischen,

auf dem seine Betätigung für die Begründung der höheren Analysis bestimmend wurde, auf dem physikalischen, wo er u. a. den Be=
griff und den Satz von der „Erhaltung der Kraft" gewann, hat er
geradezu Epoche gemacht. Auf technischem und industriellem Gebiete
nicht minder wie auf dem der Politik und Religion, wo er besonders
für die Unionsbestrebungen der verschiedenen Bekenntnisse wirkte,
entfaltete er — dabei zugleich den Blick immer fest und sicher auf
seine wissenschaftlichen Ziele gerichtet — eine Tätigkeit, der die ver=
einigten Kräfte vieler nicht gewachsen gewesen wären, und deren
Universalität in der Geschichte ebenso einzig dasteht, wie diejenige
seines Wissens. Zu dieser universellen Wirksamkeit befähigte ihn auch
seine äußere Stellung als Rat am Hofe des Herzogs von Hannover,
wo er gleichzeitig das Amt eines Bibliothekars bekleidete. Zu alle=
dem wirkte er auch für die Organisation der Wissenschaft, so daß auf
seine Bemühung auch die Gründung der Akademie der Wissenschaften
zu Berlin (1700) zurückgeht. Er wurde auch ihr erster Präsident.

So viel Ruhm und Gunst sich auch an seinen Namen heftete, so
viel, ja noch mehr Ungunst und Anfeindung ward ihm zuteil. Und
weil er Ruhm und Gunst höher schätzte als seine großen Vorgänger,
Descartes und Spinoza, so mußte er auch um so schwerer unter
jedem äußeren Angriff, unter jeder Anfeindung leiden, als jene,
so daß seine Größe bei aller Vielseitigkeit sich zuletzt auch um so viel=
seitiger vereinsamt fühlen mußte, und das je länger, desto mehr.
Als vollends noch sein Verhältnis zum Hofe sich trübte, wurden die
letzten Jahre seines Lebens gänzlich traurig und einsam. Am 14. No=
vember 1716 ist er gestorben.

Wollen wir Leibniz' Philosophie zu derjenigen seiner bei=
den großen Vorgänger in ein Verhältnis bringen, so können
wir sagen: Leibniz knüpft in der Fragestellung und Methode
genau an Descartes an, bringt diese aber auf einen an eigner
Exaktheit gebildeten Ausdruck und übt an ihrem Ergebnis
eine ein durchaus neues Resultat zeitigende Kritik mit Hilfe
eines methodischen Grundgedankens Spinozas, der aber bei
Leibniz selbst bereits eine durchaus neue und selbständige
Weiterbildung erfahren hat. Das wäre, ganz abstrakt aus=
gedrückt, das Verhältnis, in dem Leibniz zu seinen beiden
großen philosophischen Vorgängern steht, und das uns so=
gleich in concreto an seiner Lehre deutlich werden wird. Das

Epochemachende der Philosophie Descartes' lag, wie wir sahen, zum guten Teil schon in seiner Problemstellung, die ihre beherrschende Kraft auf die ganze neuere Geschichte der Philosophie geltend macht, indem sie eine Grundlegung der Wissenschaft anstrebt, die fundamenta cognitionis, die Grund=lagen der Erkenntnis, ermitteln will. Die Grundlagen der Erkenntnis, die „fondements des notions", sind in letzter Linie und in wörtlicher Übereinstimmung ausgesprochener=maßen auch das Problem der Philosophie von Leibniz.

Auch in der Methode findet er sich mit Descartes zu=sammen. Was seine kleine Abhandlung „Über die Methode der allgemeinen Synthesis und Analysis" zur Darstellung bringt, das ist bestimmend für die Methode seines ganzen Philosophierens: der Gedanke nämlich, das verwickelte Man=nigfaltige der Erkenntnis in seine einfachsten Grundlagen zu analysieren, um es aus diesen selbst wiederum synthetisch zu verstehen. Besteht ihm die „Synthesis" darin, „daß man von den Grundlagen beginnt und von ihnen aus die einzelnen Wahrheiten der Reihe nach entwickelt", so ist ihm dies die Aufgabe der „Analysis", daß sie „vom Problem ausgeht und es auf seine Grundlagen erst zurückleitet". Als das Bedeut=samere gilt Leibniz nun die Synthesis, nicht bloß insofern sie uns die inhaltliche Fülle der Erkenntnisse erschließt, son=dern vor allem deswegen, weil sie, auch ohne Schließen, in jedem beziehenden, d. h. erkenntnisstiftenden Denken wirk=sam ist. In dieser beziehenden Funktion (relatio) ist sie das „Fundament der Wahrheit" (relatio est fundamentum veri-tatis). Descartes' Begriff des zusammenfassenden, beziehen=den Denkens (comprehensio) wird hier in Leibniz' Begriff der Synthesis als synthetischer Relation weitergebildet, und so werden wir hier schon unmittelbar vor jenen Begriff der Synthesis geführt, der bei Kant seine vollkommene erkennt=nistheoretische Entfaltung finden sollte. So wichtig nun die

Synthesis ist, so bedeutsam wird aber auch die Analysis, in=
sofern sie es ist, die uns die fundamentalen und elementaren
Prinzipien erschließt, vermöge deren die Erkenntnis sich syn=
thetisch betätigen kann. In diesem allgemeinen methodischen
Zuge befindet sich Leibniz mit Descartes also prinzipiell in
vollkommener Übereinstimmung. Nur erscheint diese prin=
zipielle Übereinstimmung schon in einer klärenden und ver=
tiefenden Weiterbildung.

Entschiedener noch wird diese Fortbildung aber da, wo
es sich um die Durchführung der analytischen Methode
handelt. Hier geht Leibniz so sehr über Descartes hinaus,
daß seine originale Fortführung in der Methode auch eine
solche im Gehalt der Lehre bedingt. So sehr Leibniz die
„Tiefe" Descartes' bewundert, so sehr dieser ihm „durch die
Größe seines Geistes fast über alles Lob erhaben" ist, so sehr
er anerkennt, daß Descartes „im Felde der Ideen den wahren
und rechten Weg angetreten" hat, so wenig kann er doch
schon an dem Punkte verbleiben, bis zu dem Descartes die
Analysis der Erkenntnis geführt hat. Descartes' Problem
und Methode haben zwar logischerweise durchaus richtig die
Kriterien der Erkenntnis zum Ziele. Descartes war also auch
auf dem rechten Wege zum Ziele. Aber das Ziel selbst, die
Kriterien, hat er darum doch noch nicht erreicht. Ihm galten,
so meint Leibniz, als solche Kriterien schon Klarheit und Deut=
lichkeit. Dabei kann Leibniz sich aber nicht beruhigen. Er sucht
noch „die Kriterien des Klaren und Deutlichen". Er will also,
wie er sagt, „die Analysis bis zu Ende durchgeführt" wissen.
Descartes ist ihm auf dem Wege der Analysis gleichsam zu
früh stehen geblieben. Freilich trifft, wie aus unserer Dar=
stellung der Descarteschen Lehre deutlich hervorgeht, diese
Leibnizsche Auffassung von Descartes nicht ganz zu. Beide
Denker stehen sich in Wahrheit näher, als es nach diesen Wor=
ten von Leibniz scheint. Denn ohne weiteres war, wie wir

gesehen haben, Descartes nicht bei der clara et distincta
perceptio stehen geblieben. Er hat nicht nur betont, daß wir
früher vieles als gewiß angenommen haben, was sich nachher
als falsch erwiesen hat, er wollte auch nicht bloß die die Ge=
wißheit verbürgenden Denkmittel erst aufsuchen, sondern er
ist sich auch des prinzipiellen Unterschieds zwischen den logi=
schen und den psychologischen Momenten in der clara et distincta perceptio bewußt gewesen und hat als logische Mo=
mente ausdrücklich Notwendigkeit (necessitas), Grund (ratio)
und Beweis (demonstratio) als logische Regeln (regulae
veritatis) gefordert. Freilich „Kriterien des Klaren und Deut=
lichen", wie sie Leibniz verlangt, waren damit noch nicht
eigentlich und inhaltlich bestimmt. So versteht man immer=
hin, daß Leibniz, trotz seiner Bewunderung für „die Größe
seines Geistes" und ohne dieser Hochschätzung zu widerspre=
chen, von Descartes sagen konnte, er sei nur „bis in die Vor=
halle der Wahrheit gelangt". Erst „wenn man die Analysis
bis zu Ende durchgeführt hat", besitzt man eine adäquate Er=
kenntnis, die sich in der richtig verstandenen „Intuition" voll=
zieht. So wenig vielleicht die „adäquate Erkenntnis" auch
schon von diesem oder jenem Denker zeitlich erreicht sein
mag, so sehr bleibt sie doch immer und ewig unser Ziel, wenn
wir wirklich, wie Descartes das erstrebt hatte, die Grund=
lagen der Erkenntnis erreichen wollen. Man sieht, wie Leib=
niz hier Descartes durch den Gedanken Spinozas von der
„adäquaten Erkenntnis" zu ergänzen und fortzubilden sucht.
Aber für ihn ist diese doch wieder etwas ganz anderes, als für
Spinoza. Mehr als für Descartes die klare und deutliche
Vorstellung, blieb für Spinoza die adäquate Erkenntnis noch
in der Sphäre unmittelbarer Gewißheit beschlossen. Freilich
meinten beide Denker darin wirklich logische Kriterien zu be=
sitzen, und einer bloß psychologischen Deutung widerspricht
ja gerade bei Descartes dessen ganze soeben noch einmal

berührte Auffassung der clara et distincta perceptio und bei
Spinoza wenigstens implizite die besprochene Logisierung der
Psychologie. Immerhin fehlte noch eine innigere Beziehung
auf das Problem des Gegenstandes der Erkenntnis. In der
Beziehung auf den Gegenstand der Erkenntnis aber liegt
das logische Motiv dafür, daß Leibniz gerade nach den Kri=
terien des Klaren und Deutlichen fragen, und der Begriff der
Intuition bei ihm sich noch reiner ins Logische wenden mußte.
Für ihn gründet sich die Intuition auf der Forderung der zu
den „Kriterien des Klaren und Deutlichen" (clari et distincti
criteria) bis „ans Ende durchgeführten Analysis", die eine
objektive, jenseits aller unmittelbaren Gewißheit des Sub=
jektes liegende Bestimmung erhält. Er muß die adäquate Er=
kenntnis gänzlich aus der subjektiven Enge befreien und den
bei Descartes und Spinoza in Wahrheit ja schon vorliegenden
logischen Impuls zu reinerer Entfaltung bringen. So gibt
er dem Gedanken von der adäquaten Erkenntnis eine durchaus
originale Wendung: Nach ihm besitzen wir in jeder „adä=
quaten Erkenntnis" zugleich eine „Erkenntnis a priori",
diese aber ist weiterhin vermöge der Realdefinition die Er=
kenntnis einer rein sachlichen, objektiven Möglichkeit, oder
kurz von der „Möglichkeit einer Sache" (rem esse possibilem).
Sie aber verstehen wir nur aus letzten „einfachen Elementen",
selbst nicht weiter auflöslichen Begriffen (notiones irresolu-
biles), als den letzten Faktoren der Synthesis. Aus deren
„Verknüpfung entspringen sodann die abgeleiteten Begriffe
und aus deren weiterer Verknüpfung die weiter abgeleiteten",
so daß wir in letzter Linie immer auf einfache Begriffe re=
kurrieren müssen, um die Möglichkeit einer Sache zu ver=
stehen.

Diese Forderung, „die Möglichkeit einer Sache" (rem esse
possibilem) zu begreifen, ist von vornherein der bloßen Sub=
jektssphäre entrückt. Sie ist es darum, was die Forderung

letzter logischer Elemente des Begreifens bedingt und was
auch schon in der Methode, troß aller Verwandtschaft mit
Descartes, ein bedeutsam Neues und Originales in der Leistung des Leibniz bezeichnet, das nun auch für den Inhalt
seiner Lehre von grundlegender Bedeutung wird. Dabei ist
von vornherein die dem „Einfachen" in der Methode ge-
wiesene Funktion festzuhalten. Leibniz nimmt auch hier zunächst wieder nur einen schon von Descartes gegebenen Impuls auf, aber er macht ihn in originaler Weise, in neuer logischer Beziehung fruchtbar. Wie für Descartes, so ist auch
für ihn das Einfache nicht ein Einzelnes, sondern ein Universales (simplicia et universalia hieß es bei Descartes). Das
Einfache ist also dem Einzelnen gegenüber ein Allgemeines,
eine Bedingung seiner logisch begrifflichen Bestimmbarkeit.
Das Einzelne ist stets ein bloß Tatsächliches, das Einfache ein
Logisches. Dieses ist also selbst keine Sache, kein Ding (res),
sondern die Bedingung der Erkenntnis von Dingen, die Bedingung dafür, daß für die Erkenntnis überhaupt ein Ding
möglich sei (rem esse possibilem). Alles Dingliche, Tatsächliche bezeichnet jenem gegenüber etwas Individuelles und
Zufälliges, während jenes selbst eine ewige logische Geltung
besißt. So treten hier bei Leibniz die ewigen und notwendigen Wahrheiten einerseits und die tatsächlichen und zufäl-
ligen Wahrheiten andererseits (vérités éternelles — vérités
de fait) einander gegenüber. Um nun die logische Geltung
der Wahrheit auch in ihrem Unterschiede von dem bloß psychologischen Erkannt-Werden der Wahrheit deutlich zu machen, betont Leibniz ausdrücklich: Mag nun die Wahrheit
selbst nicht dinglich sein und in den Dingen liegen, sondern
nur von Gedanken ausgesagt werden können, so liegt sie doch
auch nicht bloß in den Gedanken und ist nicht bloß ein Gedanke, sondern gilt, ob sie gedacht wird oder nicht. Sie liegt
weder in den Dingen noch in den Gedanken, weil sie sowohl

in den Dingen, wie in den Gedanken liegt. Sie liegt weder
in den Dingen, noch in den Gedanken bedeutet: Sie hat we=
der dingliche Existenz, noch ist sie ein bloßer Gedanke. Sie
liegt sowohl in den Dingen, wie in den Gedanken, bedeutet,
daß sie von Dingen für Gedanken gilt und die Voraus=
setzung dafür ist, daß Gedanken über Dinge gelten können.
Sie ist die Ordnung der Beziehungen, auf Grund deren über=
haupt erst von Dingen und Gedanken und dem Denken von
Dingen gesprochen werden kann.

Dadurch ist aber auch mit dem Unterschied von ewigen
und tatsächlichen Wahrheiten ein Zusammenhang zwischen
beiden aufgetan. Dieser Unterschied bedeutet nicht, daß zwi=
schen beiden kein Zusammenhang bestünde, sondern nur, daß
dem endlichen Intellekt des Menschen die restlose Einsicht
in diesen Zusammenhang, der an sich ein unendlicher ist, ver=
sagt bleibt. An und für sich besteht aber dieser Zusammenhang.
Denn die ewigen Wahrheiten sind eben jene letzten Bedin=
gungen der „Erkenntnis a priori", in denen auch die „Mög=
lichkeit der Sache" im einzelnen begründet liegt. Das Ein=
zelne ist also „zufällig" nur in bezug auf den menschlichen,
endlichen Intellekt, weil in ihm eine unendliche Mannig=
faltigkeit bedingender Funktionen vereinigt ist, die durch die
Analysis des endlichen Intellekts nicht in ihrer besonderen
Bestimmtheit und Einfachheit völlig bloßgelegt werden kön=
nen. Nur dem unendlichen Intellekt Gottes ist diese Analysis
restlos möglich, da er nicht, wie der Mensch, sukzessiv, sondern
simultan alles überschaut, wie er selbst alles in seinem Wesen
und Sein bestimmt. Dem endlichen Intellekt verbleibt hier
die bloße Feststellung „a posteriori" des empirischen Fak=
tums. Man sieht, wie in Leibniz hier unmittelbar aus der lo=
gischen Reflexion auch die Einsicht in deren Grenzen und
damit auch die Einsicht in das Wesen der Individualität sich
aufringt (vergl. dazu Windelband, Gesch. d. neueren Philos. I

114 Trittes Kapitel.

S. 461 und S. 465, sowie Cassirer, Erkenntnisproblem II S. 94f.). Das Einzelne und Individuelle ist an sich zwar rational bedingt, bezeichnet aber doch die Grenze des rationalen Begreifens für den Menschen.

Aber dieses Begreifen wäre auch nicht einmal in seiner Begrenztheit möglich, wenn die Tatsachen in isolierter Zufälligkeit nebeneinander stünden. Keine Tatsache könnte dann der Wissenschaft als Argument dienen. Daß dies möglich ist, das eben setzt voraus, daß jede Tatsache in dem Zusammenhange der allgemeinen Wahrheiten eine objektiv bestimmte Stelle hat, mag diese für den endlichen Intellekt auch nicht subjektiv restlos bestimmbar sein. Objektiv bestimmt sich damit aber für Leibniz jetzt sofort weiter die „Möglichkeit der Sache" genauer und spitzt sich ihm zu in die Frage nicht nach den unendlichen mannigfaltigen Elementen der Individualität, sondern nach den allgemeinen Bedingungen universeller Gesetzmäßigkeit. Damit aber wurde ihm die Sache, deren Möglichkeit er suchte, zur Sache der exakten Forschung. Hier führt Leibniz unmittelbar an die Grundfrage Kants heran, bleibt aber von Kant historisch, wie systematisch durch zwei wesentliche und entscheidende Momente getrennt. Erstens unternimmt er nicht, jene allgemeinsten Grundlagen auch in ihrem systematischen Zusammenhange zu ermitteln, und zweitens verankert er das Logische noch im Ontologisch=Metaphysischen und stellt es noch nicht auf sich selbst. Der Fortschritt über beide Seiten dieser Position blieb Kant vorbehalten. Und rücksichtlich des zweiten Momentes teilt Leibniz noch das Schicksal Descartes', so sehr ihm dessen Resultat gerade hier widerstrebt, und so weit er auch wirklich über diesen hinausgegangen sein mag.

Indem nun Leibniz sich an die exakte Forschung wendet, um deren Allgemeingesetzlichkeit für sein Problem fruchtbar

zu machen, findet er sich wiederum mit seinen großen Vor=
gängern zunächst in der mechanischen Naturauffassung zu=
sammen. Aber gerade hier macht sich nun seine eigene Größe
und originale Kraft des Gedankens geltend. Die mechanische
Naturauffassung, so wie jene sie noch hingenommen, wird für
ihn von neuem zum Problem. Quantität, Bewegung und
Figur sind auch nach Leibniz für die mechanische Naturauf=
fassung gewiß die eigentlichen Erklärungsprinzipien. Aber sie
sind selbst noch keineswegs letzte logische Grundlagen, müssen
also auf solche erst zurückgeführt werden und bedürfen wei=
terer Analyse.

Konnten wir mit Recht ein Verdienst Descartes' in der
Ausschaltung der „dunklen Qualitäten" und in der Reduk=
tion der Sinnesqualitäten auf Quantitäten erblicken, so ver=
langt Leibniz abermals eine neue Reduktion der Quantität
selbst; und das im engsten Zusammenhange mit seiner gewal=
tigen Entdeckung auf mathematischem Gebiete, der Infini=
tesimalrechnung. Man könnte hier sein Verhältnis zu Des=
cartes folgendermaßen ausdrücken: Während Descartes das
Qualitative auf Quantitatives zu reduzieren bestrebt ist, ver=
sucht Leibniz eine weitere Reduktion des Quantitativen selbst.
Diese weitere Reduktion ist aber bestimmt durch die Weiter=
führung eines von Descartes ausgehenden Impulses. Des=
cartes war, ebenfalls von seiner originalen mathematischen
Leistung, der Begründung der analytischen Geometrie, aus
dazu gelangt, die „Imagination" der „reinen Erkenntnis"
zugänglich zu machen und beide nicht als etwas Fremdes ein=
ander gegenüberzustellen. Allein er hatte in der Funktion,
die er der Imagination für die Erkenntnis der Existenz der
Körperwelt anwies, dieser eine Art von metaphysischer Selb=
ständigkeit gelassen. Leibniz geht weiter und sucht, gestützt
auf die höhere Analysis, die Imagination in die elementaren
Funktionen der reinen begrifflichen Erkenntnis aufzulösen

8*

und nicht bloß sie dieser zugänglich zu machen. Erst damit aber
war es möglich, den der Quantität bei Descartes noch ver=
bliebenen imaginativen Rest rein begrifflich zu fassen und auf
letzte begriffliche Grundlagen zu reduzieren, und nicht bloß,
wie die analytische Geometrie es tat, in solche umzusetzen.
Für Leibniz war dafür in letzter Linie bestimmend der Be=
griff des Differentials, das, ohne selbst eine Quantität zu
sein, das bildende Prinzip aller Quantität ist. Eben weil das
Prinzip der Quantität von der Quantität als solcher zu
unterscheiden ist, darum kann es selbst nicht quantitativ sein[1]).
Die Auflösung der Quantität in die rein begriffliche Funktion
wird aber vermittelst eines für die ganze Philosophie von
Leibniz bedeutsamen Prinzips, nämlich des „Prinzips der
Kontinuität", dem er eine besondere Abhandlung dieses Titels
widmet, geleistet. Dieses Prinzip besagt: „Wenn sich in der
Reihe der gegebenen und vorausgesetzten Elemente der Unter=
schied zweier Fälle unbegrenzt vermindern läßt, so muß er
notwendig auch in den gesuchten oder abhängigen Elementen
unter jede beliebig kleine Größe sinken ....., so daß von den
verschiedenen Fällen der eine in den anderen übergeht."
Durch den stetigen Übergang wird so das der Jmagination
zustehende Quantitative, wie die Jmagination selbst in den
reinen Begriff überführt, nicht nur, wie bei Descartes, diesem
zugänglich gemacht.

Was so hinsichtlich der Quantität geleistet wird, das ge=

---

[1]) Ich verweise dafür, wie für das Folgende auf die eingehende Darstellung
Cassirers in „Leibniz' System" S. 177 ff. Man wird bemerken, wie innig Leibniz'
philosophische Überzeugungen mit seinen mathematisch=naturwissenschaftlichen zu=
sammenhängen. Da ich mich hier notgedrungen auf die kürzeste Darstellung zu be=
schränken habe, so kann ich diesen Zusammenhang leider nur insoweit berühren, als
er für das Verständnis auch der Philosophie des Leibniz unbedingt notwendig ist.
Aber dafür ist er in gewisser Weise unerläßlich. Darauf beruht es auch, daß die ge=
schichtliche Forschung der ungeheuren Leistung von Leibniz immer noch verhältnis=
mäßig wenig gerecht geworden ist. Wirklich grundlegend aber hat in unserer Zeit
das erwähnte Werk Cassirers die Bedeutung dieses Zusammenhanges dargestellt
und in seinem ganzen Umfange behandelt. Man vergleiche auch die einschlägigen
Partien in dessen „Erkenntnisproblem", besonders II S. 71 ff.

schiebt nun auch hinsichtlich der übrigen Prinzipien der Mechanik, also hinsichtlich der Bewegung und Figur. Damit werden
aber sogleich Raum und Zeit aus der realistischen Fassung,
in der sie bei Descartes noch verblieben waren, befreit. Was
Descartes vom Mathematischen schlechthin bestimmt, hatte,
daß es, ohne sinnfällige Existenz zu haben, dennoch sei, hatte
er gerade auf den mathematischen Grundbegriff des Raumes
nicht in aller Strenge angewandt. Mit der res extensa war
ihm auch die extensio nur der Gottheit gegenüber der absoluten Wesenheit entkleidet, in dieser aber beide der Erkenntnis gegenüber gerade durch die Imagination wiederum ver-
selbständigt worden. Durch die Analysis der Lage wird dagegen für Leibniz der mathematische Raum gerade vom anschaulichen, imaginativen Raume streng geschieden und als
dessen logische Bedingung und als sein Prinzip erkannt. Die
Verdinglichung zum „absoluten Raume", von der sich auch
Newton noch nicht befreien konnte, wird aufgegeben. Dagegen wird der Raum als „Ordnung" („ordre"), als Gesetz
der Lage oder des „Nebeneinander", als Prinzip der Ausgedehntheit zum Unterschiede von der bloß anschaulichen
Ausgedehntheit als solcher erkannt. Genau so wird die
Zeit als das Gesetz des „Nacheinander" bestimmt. Und in der
Bewegung werden beide Gesetzmäßigkeiten vereinigt.

Rücksichtlich der Bewegung vollzieht sich nun abermals
eine neue Wendung Descartes gegenüber. Dessen Gesetz von
der Erhaltung der Bewegung wird aufgegeben, weil es dem
Gesetz der Kontinuität widerspricht und den stetigen Übergang von Bewegung in Ruhe und umgekehrt nicht verstehen
ließe. Dem Gesetz der Kontinuität kann nur der Begriff der
Kraft genügen. An die Stelle des Gesetzes von der Erhaltung
der Bewegung hat also das Gesetz von der Erhaltung der
Kraft zu treten. Die Kraft bleibt potentiell auch da bestehen,
wo die Bewegung in Ruhe übergegangen ist, und kann kon-

tinuierlich wieder in aktuelle Kraft übergeführt werden. Wie
wir vermittelst des Gesetzes der Kontinuität vom Punkte zur
Linie, von dieser zur Fläche, von dieser zum Körper mathe=
matisch, wie physikalisch stetig überzugehen vermögen, so ver=
mittelt dieses Prinzip weiter vom „differentiellen Impuls"
zur Bewegungsgröße, von der Beschleunigung durch deren
Kontinuation zur Geschwindigkeit, so daß die Kontinuation,
wie Cassirer das treffend formuliert, für Leibniz „der metho=
dische Ausdruck der Integration als der stetigen ‚Summie=
rung' infinitesimaler Momente" ist (Cassirer, „Leibniz' Sy=
stem" S. 169 ff.).

Indem Leibniz durch Analysis die mechanischen Begriffe
der Quantität, der Bewegung und Figur in ihre logischen Ele=
mente aufzulösen sucht, transponiert er auch die diesen Fak=
toren zugrunde liegenden räumlichen, zeitlichen und dyna=
mischen Bestimmungen ins Logische und nähert sich seinem
Ideal der adäquaten Erkenntnis, der, wie er sagt, „die Zahl
sehr nahe kommt". So wird ihm der Begriff zur Grundlage
aller gesetzmäßig bestimmten Wirklichkeitserkenntnis und zum
Ganzen dieser Gesetzmäßigkeit selbst. Das „Prinzip der Kon=
tinuität" verdeutlicht das am einfachsten, insofern es vom
Gesetz der Kontinuität des Denkens sich gleichsam selbst kon=
tinuiert und in das Gesetz der kosmischen Kontinuität über=
geht, wo es nicht nur die mathematische Kontinuität der
Raum= und Zeit=Ordnung, sondern auch die Kontinuität der
Kraft bezeichnet.

Allein, so sehr bis hierher Leibniz als reiner Logiker im
Sinne eines logischen Idealismus erscheint, so kann er doch
die logische Bestimmung noch nicht auf sich selber stellen. Und
es ist wiederum das Gesetz der Kontinuität, das von seiner
logischen und kosmischen Bedeutung zu seiner metakosmischen
im Sinne einer metaphysischen Bedeutung hinüberleitet, um
die Erkenntnislehre selbst in letzter Linie auf Metaphysik zu

basieren. Besonders ist es die Theologie, aus deren „heiligem Quell" der Philosophie erst ihre „Weihe" fließt. Denn „Gott ist der letzte Grund der Dinge, die Erkenntnis von ihm also die Grundlage aller Wissenschaft", so daß auch alle wahre Physik aus den „Quellen der göttlichen Vollkommenheit ab= zuleiten ist". Ihre Sätze sind zwar in die letzten logischen Prin= zipien aufgelöst, die sich auf noch höhere logische Prinzipien nicht zurückführen lassen. Deshalb „bedürfen sie zu ihrer (weiteren, d. h. metaphysischen) Begründung des Hinweises auf die höchste Intelligenz. Hierin liegt die echte Versöhnung zwischen Glauben und Wissen."

Auf diese im Metaphysisch=Religiösen fußende Versöh= nung richtet sich nun der konziliatorische, umfassende Geist Leibniz', um seinem Werke den letzten Abschluß zu geben. Dieser Versuch besitzt für die Gegenwart ein um so höheres Interesse, als er in unserer Zeit, unabhängig von Leibniz, er= neuert worden ist. Das Wissen führt hier zum Glauben, weil jenes selbst für Leibniz einer Macht bedarf, vermöge deren in der empirischen Wirklichkeit, die dem Menschen nicht restlos in ihre rationalen Grundlagen auflösbar ist, die rationalen Wertkriterien des Wissens realisierbar werden. Von hier aus kontinuiert sich der logisch analysierte Kraftbegriff der Physik zu einem solchen der Metaphysik. Die in ihren letzten ratio= nalen Grundlagen wegen ihrer unendlichen Mannigfaltigkeit nicht auflösbare Individualität wird zur „Monade". Deren metaphysische Grundfunktion ist Tätigkeit, Aktualität. In ihr wird die logische Qualität zur metaphysischen, und alle quali= tative Bestimmung der äußeren Welt als Erscheinungsweise eines metaphysischen qualitativ lebendigen und tätigen Ur= grunds gedeutet. Die Mechanik bleibt bestehen als Methode, die von Phänomenen gültig ist, deren substantieller Wesens= gehalt einem allgemeinen überphänomenalen Zweckzusam= menhange angehört. Die Einzeldinge sind seine Glieder. Als

solche sind sie immaterielle Kräfte. Die Körperlichkeit und
Ausgedehntheit ist nicht, wie Descartes glaubte, etwas Selb=
ständiges neben der Immaterialität, auch nicht ein paralleles
Attribut, wie es nach Spinoza scheinen könnte. Die Absolut=
heit des Raumes ist ja ein für allemal aufgehoben. Sie ist
vielmehr nur Funktion der lebendigen Tätigkeit der Dinge,
vermöge deren sie sich selbst körperlich und räumlich darstellen.
Die Möglichkeit dieser metaphysischen Reduktion ist begrün=
det durch die Erkenntnislehre, die durch die logische Analysis
den „absoluten Raum" beseitigt hatte. Die Erkenntnislehre
ist es andererseits auch, die nunmehr in der Metaphysik einen
Zusammenhang zwischen den einzelnen Monaden fordert und
herstellt; und zwar wiederum nach dem „Gesetze der Kon=
tinuität". Wenn die einzelnen Monaden die Grundlage des
Weltzusammenhanges sein sollen, so muß, nach der Forde=
rung dieses Gesetzes, auch zwischen ihnen ein Zusammenhang
selbst bestehen. Dieser aber kann, gemäß ihrem immateriellen
tätigen Wesen nur in ihrer immateriellen Tätigkeit liegen.
Diese aber ist — man sieht, wie hier der Logiker Leibniz zu=
letzt doch wieder den Metaphysiker beherrscht — ihrem vor=
nehmsten Wesen nach das Erkennen. Ein gemeinsames Er=
kenntnisleben muß es danach sein, das alles Einzelne mit
allen anderen Einzelnen verbindet, so daß jede Monade in
sich selbst und ihrer Erkenntnis zugleich die unendliche Man=
nigfaltigkeit aller übrigen Monaden darstellt. Das soll zunächst
nicht heißen, daß von jeder Monade ein Bild in alle übrigen
und darum auch umgekehrt hinüberwanderte. „Die Monaden
haben keine Fenster." Es bedeutet zuvörderst nur die Allge=
meingültigkeit der Erkenntnis. Sodann kann es nicht heißen,
daß jede Monade alle übrigen zugleich voll und ganz im Be=
wußtsein hätte. Diese Schwierigkeit überwindet Leibniz mit
Hilfe einer wiederum seiner mathematischen Theorie ent=
nommenen Überlegung: Er unterscheidet Grade der Bewußt=

heit. Eine absolut unbewußte Monade gibt es für ihn in der
Tat nicht, und jede führt ein dem der übrigen genau ent=
sprechendes Erkenntnisleben. Aber in diesem gibt es unendlich
viele kontinuierlich verschiedene Grade der Stärke. Kann
diese auch nie auf Null sinken, so entspricht ihrem einen un=
endlichen Richtungsziel doch das Differential, nämlich in den
„petites perceptions", den Bewußtseinsinhalten beliebig ge=
ringer Stärke. Den „petites perceptions" steht die reine Er=
kenntnis (in der „apperception") gegenüber. Zwischen beiden
befindet sich eine kontinuierliche Reihe stetig wachsender Be=
wußtseinsgrade. Hier hat also der moderne Gedanke der so=
genannten „unbewußten Vorstellung" seinen geschichtlichen
Ursprung, den Leibniz aber vor dem Widersinn des unbe=
wußten Bewußtseins durch den Gedanken des unendlich
kleinen Stärkegrades des Bewußtseins bewahrt hat. Von
ihm aus rechtfertigt er darum die Gemeinsamkeit des Erkennt=
niserlebnisses der Monaden, indem er den Unterschied in der
Kontinuität der Stärke zu begründen sucht. Dieser Zusam=
menhang des Erkenntniserlebnisses bedeutet ihm ganz eigent=
lich die „prästabilierte Harmonie".

Sie ist ihm nur möglich durch eine höchste Intelligenz,
durch Gott, in dessen Bewußtsein allein die reine Erkenntnis
der Apperzeption stets und ständig dargestellt ist. Aus ihm ist
die unendliche Mannigfaltigkeit der Monaden hervorgegan=
gen. Er ist ihr Ursprung und das ihre Bewußtheit regelnde
Zentrum, die Zentralmonade κατ' ἐξοχήν. Seine Weisheit
lenkt die Welt und nach ihrem Gesetze schafft seine Macht die
Welt, wie seine Güte sie regiert. Und wegen seiner Weisheit
und Güte müssen wir annehmen, daß die Welt unter allen
möglichen, die seine Macht hätte schaffen können, die beste ist.
Sie ist nicht absolut gut, aber unter den möglichen die beste.
Das Übel ist vorhanden, aber nicht als positive Macht, son=
dern als eine Negation der Güte, die an die Weisheit ge=

bunden einen größeren Mangel an Güte vermeiden mußte.
Denn — hier begegnet uns zum letzten Male ein Gedanke
Descartes', der zugleich im schroffsten Gegensatze zu Spinoza
steht — zweckvoll geschaffen ist die Welt, und gerade darum
kann das, was für sich betrachtet unvollkommen erscheint, im
Zwecke des Ganzen, in Rücksicht auf den wir alles betrachten
müssen, die höchste Vollkommenheit besitzen. Das ist der Ge=
danke der sog. Theodicee. Es ist bemerkenswert, daß für die
allgemeine Monadologie wie für die Theologie im besonderen
die Erkenntnis für Leibniz immer die höchste Wertinstanz
bleibt, und daß Gott seiner eigenen Weisheit gleichsam unter=
worfen erscheint, so daß die Gesetze der Erkenntnis auch die
göttliche Güte zu bestimmen haben.

Das ist nun bestimmend auch für die von Leibniz gefor=
derte Lebensführung: Das Wissen soll das Leben durchdrin=
gen, nach dem Wissen sollen wir das Leben gestalten. Alle
Übel des Lebens sind in letzter Linie verschuldet durch den
Mangel an Wissen, das allein uns auch von ihnen erlösen
kann. Unter diesem Gesichtspunkte hat Leibniz wohl die
höchste Synthese von Glauben und Wissen, von Religion und
Philosophie vollzogen. Die Erlösung vom Übel der Welt, vom
Nichts, die Läuterung zum höchsten Sein, das wir in der Idee
der Gottheit ergreifen, vollzieht die Religion. Das Wissen
aber ist es, das uns vom Übel erlöst und die Idee der Gott=
heit enthüllt: so wird das Wissen zur Religion und die Reli=
gion zum Wissen.

§ 13. Der Ausgang der rationalen Philosophie.

Mit Leibniz hat die vorwiegend rational gerichtete Philo=
sophie ihren Höhepunkt überschritten. Was auf ihn in dieser
Richtung folgt, das pflegt man in der Geschichte der Philo=
sophie mit einem diese Denkart seitdem nicht ohne einen ge=
wissen Beigeschmack behaftenden Namen als den Ratio=

nalismus schlechtweg zu bezeichnen. Die eigentümliche und charakteristische Bedeutung bringt auch der Sammelname, unter dem man diese Richtung als deutsche Aufklärung zusammenfaßt, zum Ausdruck.

An ihre Spitze wird gewöhnlich der Graf Walter von Tschirnhausen (1651—1708) gestellt, der, mit Spinoza und Leibniz persönlich bekannt, in seiner Methode, wie auch nach gewisser Hinsicht im Inhalt seiner Lehre an Descartes an-knüpft. Der analytische Weg soll ihm die Ausgangspunkte liefern, von denen aus der synthetische Weg das ganze Sy-stem des Wissens — auf nichts Geringeres zielt sein Denken ab, ohne es freilich zu erreichen — umfaßt. Mit Descartes führt ihn zunächst die analytische Methode zu dem absolut gewissen Momente des Selbstbewußtseins. Und wiederum von Descartes bedingt ist die dreifache Gliederung, die die weitere Analyse des Bewußtseins in Intellekt, Wille, Ima-gination ergibt. Sie sind die fundamentalen Ausgangspunkte, die das System der Wissenschaft in Erkenntnislehre, Sitten-lehre und Naturlehre gliedern, und von denen aus die De-duktion das ganze Gebiet der erfahrbaren Wirklichkeit derart erschließt, daß jene selbst jederzeit durch Erfahrung bewahr-heitet werden kann. Dieser Gedanke bedeutet Leibniz gegen-über nichts Neues. Das Neue, das sich in der Gliederung der Philosophie zum System anzukündigen schien, kam aber nicht zur Entfaltung, weil das System unausgeführt blieb und auch, wie Tschirnhausen es auffaßte, unausgeführt blei-ben mußte. Nur für die Erkenntnislehre gelangte seine De-duktion im Sinne der formalen Logik zur Ausführung.

Das eigentliche Haupt der rationalistischen Aufklärung ist Christian Wolff (1679—1754).

In Breslau geboren, entfaltete er seine Hauptwirksamkeit an der Universität Halle. Von hier ward er aber infolge einer Reihe von Intrigen, die Neid und Verdächtigung gegen ihn gesponnen, vertrieben (1723) und außer Landes verwiesen bei Androhung des Todes durch den Strang. Vor allen hatte die Orthodoxie beim König Friedrich Wilhelm I. dahin gewirkt, daß den Philosophen die ganze Härte der damaligen Regierung traf. Aber schon im ersten Jahre der Regierung Friedrichs des Großen erfolgte die ehrenvollste Rück= berufung nach Halle, womit nun umgekehrt der große König den „Pfafen", wie er sich ausdrückte, einen Streich spielte. Mit glän= zendem Erfolg nahm Wolff seine Lehrtätigkeit wieder auf. Indes in seinen letzten Lebensjahren begann sein Erfolg sich zu schwächen. Die Höhe der Wirksamkeit seiner Lehre war überschritten, ehe er starb.

Wolff hat das unzweifelhafte Verdienst, daß er, selbst ohne große gedankliche Originalität, für die Ausbreitung der Leibnizschen Lehre wirkte und für sie ein Schule schuf, deren so sehr anerkanntes Haupt er war, daß seine Werke auf den deutschen Universitäten gleichsam als philosophische Schulbücher gebraucht wurden. Dabei blieben ihm selbst allerdings z. T. die wertvollsten Tiefen der Leibnizschen Lehre verschlossen. Indem er aber des Meisters Lehre mit Scharfsinn zu systematisieren suchte, verhalf er ihr dennoch zu einer Wirksamkeit, die sie ohne ihn schwerlich gefunden hätte, weil sie bei Leibniz selbst nicht zum ge= schlossenen System gestaltet war.

Wie sehr er hinter dem tiefsten Gehalt der Leibnizschen Lehre zurückblieb, das geht am besten aus beider Stellung zur Mathematik hervor. In der Philosophie des Leibniz bildet die Mathematik ein integrierendes Bestandstück. Wolff, der Professor der Mathematik, der fast allem und jedem in seinem System einen Platz oder wenigstens doch ein Plätzchen aus Gründen der Vernunft einräumen wollte, fand darin gerade für die Mathematik, trotz mancher Ansätze im einzelnen, so doch prinzipiell keine rechte Stelle. Dafür wollte er alles im Satze des Widerspruchs, als der allgemeinsten Voraussetzung der Möglichkeit von Etwas überhaupt, vor allem den Satz des Grundes selbst, begründen. Im Begriffe war ihm darum auch die Existenz der begriffenen Sache gegeben. Um indes diesem Gedanken Wolffs gerecht zu werden, darf man, wie neuerdings in verdienstvoller Weise Hans Pichler gezeigt hat, ihn nicht in einem inhaltsleeren, formalistischen Sinne deuten. Es war wohl in letzter Linie Leibniz' Prinzip der „prästabilierten Harmonie", was Wolff über den Formalismus des Widerspruchsgesetzes hinaus zum Ontologismus führte. Denn zuletzt war seine Grundthese doch die: Wir erfassen im vernünftigen Begriffe darum die Dinge, weil alle Dinge in der Vernunft selbst, in Gott ihren Ursprung und Zusammenhang haben. Und von diesem Gesichtspunkte aus suchte er mit seinen „vernünftigen Gedanken" Welt und Seele, Leben, Moral, Recht und Wirtschaft zu umspannen, weil alles letzthin in der göttlichen Vernunft verankert lag. In der vernünftigen Erkenntnis lag darum für Wolff auch die Erkenntnis des Zusammenhanges der Dinge vor.

Außer der Mathematik fehlte aber noch eine Disziplin in Wolffs System. Das war die Ästhetik. Diese Lücke suchte ein Schüler Wolffs, Alexander Baumgarten (1714—1762), auszufüllen. In der Tat — Windelband macht sehr treffend darauf aufmerksam, daß die Ästhetik von Baumgarten ohne „besonderes persönliches Interesse am künstlerischen Leben" und „lediglich um der systematischen Vollständigkeit willen geschaffen wurde" — war bei ihm die Ästhetik nur eine Art Lückenbüßerin im Systeme Wolffs. Baumgarten basierte dabei die Ästhetik freilich vorwiegend auf psychologischen Gesichtspunkten. Indes bedeutet das darum keine Durchbrechung des rationalistischen Prinzips, weil im System des Rationalismus die Psychologie von vornherein selbst rational bestimmt und eben im Sinne der später von Kant aufgehobenen „rationalen Psychologie" verstanden war. In enger Abhängigkeit von Wolffs Rationalismus befand sich übrigens auch)

Gottsched, der Wolffs rationalistische Scholastik von der Logik
direkt auf die Dichtkunst anzuwenden suchte.

Mit besonderer Lebhaftigkeit bemächtigte sich die rationa=
listische Aufklärung des religiösen Gebietes. Die Ideentrias:
Gott, Freiheit und Unsterblichkeit, die später auch für Kant
bedeutsam wurde, die Kant aber des rationalistischen Aufklä=
rungscharakters entkleidete, suchte vor allem Moses Men=
delssohn (1728—1786) mit Vernunftgründen zu erhärten.
Er erstrebte eine reine, aller Dogmen entkleidete Vernunft=
religion, die in edler Duldung, für die er sein eigenes warmes
Empfinden besonders einsetzt, das Gemeinschaftsleben durch=
dringe und erhöhe. Dabei tritt er besonders für seinen ange=
stammten jüdischen Glauben ein, den er als am freiesten von
außerrationalen Dogmen ansieht. Er ist nicht blind gegen die
Mängel in der Anschauung seiner Glaubensgenossen, die er
selbst davon zu befreien sucht. Aber er will für die gesamte
Menschheit wirken und mahnt seine Zeitgenossen vor allem,
von der Intoleranz gegen das Judentum abzulassen, mehr
auf die alle verbindenden Vernunftwahrheiten, als auf die
trennenden Dogmenunterschiede zu sehen und sich in gegen=
seitiger Duldung zu achten und zu gemeinsamer Lebensarbeit
zu verbinden.

Es ist keine Frage, daß dieser Gedanke eine tiefe Wirkung
auf Lessing (1729—1781) geübt hat. Freilich Lessings Größe
und Genialität — er ist der bedeutendste rationalistische Den=
ker seit Leibniz — faßte das Wesen der Religion tiefer. Keines=
wegs dogmatisch gebunden, wie die Orthodoxie, verwertete
er den Leibnizschen Gedanken, daß das Einzelne an und für
sich zwar rational bedingt sei, aber dem rationalen Begreifen
des Menschen bei der unendlichen Mannigfaltigkeit seiner
rationalen Bedingungen sich nicht restlos füge. Dieser Ge=
danke lieferte ihm nun den Gesichtspunkt für die Entwicke=
lung der Religion. So sind ihm die Dogmen nicht, wie dem

Radikalismus, den wir bald bei Reimarus kennen lernen wer=
den, Widersinn und Betrug, noch sind sie ihm, wie dem Ortho=
doxismus, absolute Wahrheiten. Vielmehr bedeuten sie ihm
zeitliche Ausdrucksformen eines Ewigkeitsgehaltes, zu dem
sich das religiöse Erleben gleichsam selbst nach dem Leibniz=
schen Kontinuitätsprinzip entwickelt und der an sich selbst ein
durchaus rationaler ist. Und so ist ihm auch die Geschichte
selbst durchaus von einem vernünftigen Prinzip der Entwicke=
lung beherrscht.

Es mag merkwürdig berühren, daß gerade Lessing mit sei=
nem feinen Sinn für die Geschichte es war, der die so un=
historisch wie nur möglich gehaltenen „Wolfenbüttler Frag=
mente" des Hermann Samuel Reimarus (1694—1768)
zur Veröffentlichung brachte. Aber es war wiederum Les=
sings historischer Sinn, der erkannte, daß diese Fragmente
für ihre Zeit doch eine gewisse Mission zu erfüllen hätten. Rei=
marus' eigentliche Absicht ist eine positive. Er will der Ver=
nunft zur Herrschaft im Leben verhelfen; und nur weil er von
der Orthodoxie die rationalistische Tendenz seiner Zeit ge=
fährdet sieht, sucht er den Boden, auf dem „die Herren Theo=
logi und Prediger" stehen, zu untergraben. Dieser Boden
aber ist die Offenbarung. Er bietet darum seinen ganzen
Scharfsinn auf, um den Offenbarungsglauben zu zersetzen;
und er richtet sich in gleicher Weise gegen das Alte, wie das
Neue Testament. Vor allem deckt er mit nie ermüdendem
Eifer und nie erlahmendem Scharf= und Spürsinn die zahl=
losen Widersprüche in den heiligen Büchern auf; und beson=
ders gegen das Alte Testament führt er das schwerste mora=
lische Geschütz auf. Es ist nicht nur die vermenschlichende Ten=
denz des Opferdienstes, „als ob Gott den Rauch der Opfer
gern röche", was ihn empört, und wovon er fragt: „Kann
wohl was Menschlicheres, was Niederträchtigeres von Gott
gedacht werden!" (Vergl. dazu D. Fr. Strauß, „Hermann

Samuel Reimarus und seine Schutzschrift für die vernünf=
tigen Verehrer Gottes", S. 57.) Was er verwirft, ist vor allem
auf der einen Seite die logische Unmöglichkeit der Erzäh=
lungen, die nur auf Unwahrheiten beruhen können. So ruft
er die Theologen mit Rücksicht auf die Erzählung von Noah
und der Sintflut folgendermaßen an: „Ach, liebe Herren,
hört doch einmal auf, euern und unsern Glauben mit solchen
Wundern zu martern, worin so viele Widersprüche sind, als
ihr Tiere in eurem Kasten habt!" (a. a. O. S. 63). Auf der
anderen Seite aber kann er in der sogenannten Offenbarung
keine wahrhaft göttliche Offenbarung deshalb sehen, weil er
nicht glauben kann, daß Gott den Gefäßen seiner Offen=
barung alle die „Schelmstücke und Betrügereien, oder Bos=
heit und Straßenräubereien zugut hält" (a. a. O. S. 77), und
wie bei David die „böse Gewohnheit" der Hurerei und des
Ehebruchs nachsähe (a. a. O. S. 139). Viel besser ist es, meint
Reimarus, auch später nicht, und auch zu seiner Zeit ver=
langt die Offenbarungslehre, „daß ein ehrlicher Mann seinem
Gemüte keine geringe Qual antun muß, wenn er sich sein
ganzes Leben stellen und verstellen muß" (a. a. O. S. 24).
Die sogenannte Offenbarung kann also, das ist sein Schluß,
keine göttliche Offenbarung im Sinne der Inspiration sein,
die Gott persönlich den Menschen gegeben. So weit stimmt
er mit Lessing überein. Darum bleibt für Reimarus nun bloß
die eine Konsequenz, die ihn durchaus von Lessing trennt:
Alle Offenbarung ist nichts anderes als elender Priestertrug.

In Reimarus hatte der aufklärerische Rationalismus sei=
nen Gipfel erreicht; und freilich, am Maßstabe heutigen Ge=
schichtsverständnisses gemessen, auch einen nicht unerheblichen
Tiefstand der Flachheit. Mit diesem Maßstabe dürfen wir je=
doch Reimarus selber nicht messen. Wir müssen bedenken, daß
seine Anschauungen, nicht aber er selbst mit und nach
Lessing in Wirksamkeit treten. Für seine Zeit besorgte die Ver=

flachung des Rationalismus Friedrich Nicolai (1733 bis 1811). Er gab mehrere Zeitschriften heraus, von denen die bekannteste die „Allgemeine deutsche Bibliothek" ist. Hier spielte er sich gern als universelles Genie aus, und war wohl das gerade Gegenteil von Genie, universell aber nur in seiner Nichtigkeit. Er redete über alles und sagte nichts. Alle Tiefe war ihm zuwider, und die allgemeine Oberflächlichkeit wollte er seiner Zeit aufzwingen. Die Geschichte weiß keinen einzigen Gedanken von ihm zu verzeichnen, und er lebt in ihr nur noch als die komische Figur einer populären Aufklärerei fort, von Interesse nur, weil Fichte diese Figur in einem ergötzlichen Bilde festgehalten hat, das er mit bewußter Komik gleichsam als eine Art der absoluten Nichtigkeit konstruierte, und weil die großen Führer unserer klassischen Literatur, vor allem Goethe und Schiller, den Mann bald mit anmutigem Witz, bald mit derbem Spott gegeißelt haben.

In logischer Beziehung drängte das rationale Denken mehr und mehr über die Einseitigkeiten Wolffs hinaus. Als die bedeutendsten Denker seien dafür nur Crusius und Lambert erwähnt. Crusius (1712—1776) wollte vor allem dem Satze vom Grunde seine Selbständigkeit sichern. Dabei traf er die nachmals von Schopenhauer wieder aufgenommene und weiter ausgebaute, ursprünglich aber auf Descartes zurückgehende Unterscheidung zwischen logischem Grunde (ratio) einerseits und Kausalgrunde (causa) andererseits. Lambert (1728—1777) weist mit seiner Unterscheidung von rein „gedenkbaren" oder logischen und tatsächlichen oder empirischen Wahrheiten auf Leibniz zurück. Die logischen Wahrheiten gelten a priori und sind notwendig und gewiß. Die empirischen sind zufällig, lassen uns aber die einzelnen konkreten Dinge, über die die apriorischen nichts ausmachen können, erkennen. Allein Lambert begreift, daß auch alle Empirie der apriorischen Wahrheiten bedarf. Und wenn er auf Grund der

Unterſcheidung von apriorischen und empiriſchen Wahrheiten eine methodologiſche Einteilung der Wiſſenſchaft verſucht, ſo iſt das dahin zu verſtehen, daß er nicht Wiſſenſchaften von rein apriorischem Gehalt auf der einen und ſolche von bloß empi= riſchem Gehalt auf der anderen Seite unterſcheidet. Vielmehr kann ſeine Unterſcheidung nur Wiſſenſchaften von rein ratio= nalem Gehalt auf der einen und Wiſſenſchaften von ſowohl rationalem als auch empiriſchem Gehalt auf der anderen Seite bezeichnen. Die rein „logiſche Wahrheit" muß in letzter Linie aber in der Metaphyſik ihren Grund finden, einer metaphy= ſiſchen, intellektuellen realen Grundlage, einer abſolut exi= ſtierenden Intelligenz. (Vergl. ausführlicher Otto Baenſch, „Johann Heinrich Lamberts Philoſophie und ſeine Stellung zu Kant".)

Viertes Kapitel.

Die vorwiegend empiriſch gerichtete Philoſophie.

In der Entwickelung der neueren Philoſophie nimmt an Inhalt und Umfang die für das moderne Geiſtesleben im po= ſitiven Sinne bedeutſamſte Stelle die im dritten Teile dieſer Unterſuchung charakteriſierte rational gerichtete Philoſophie ein. Ihr geht zeitlich größtenteils parallel jene Tendenz, die wir als vorwiegend empiriſch gerichtete Philoſophie bezeich= net haben. Ich wähle dieſe etwas vorſichtige Bezeichnung mit Abſicht, um dieſe Richtung von vornherein von dem Empiris= mus im heutigen Sinne, im Sinne des widerſpruchsvollen Begriffs der ſog. „reinen Erfahrung" zu unterſcheiden und um mehr die Methode, als den Standpunkt zu charakteri= ſieren. Denn darin liegt eigentlich gerade die Bedeutung der hier zu behandelnden „empiriſchen" Epoche, daß ſie, wenig= ſtens in ihren bedeutendſten Repräſentanten, gleichſam an ſich ſelbſt ad oculos demonſtriert, wie die konſequent durch=

geführte empirische Methode immer und überall über den empirischen Standpunkt hinausführt. Wenn wir den widersinnigen Begriff der „reinen Erfahrung" in ganzer Strenge nehmen, so kann man nicht einmal den Mann, den man zeitweilig in diesem Sinn ausgedeutet hat, Bacon, einen „reinen Empiristen" nennen. Er teilt mit diesem Standpunkte nur den unkritischen, verschwommenen Erfahrungsbegriff, bleibt aber infolge mancher anderen allerdings nebulosen Vorstellung noch weit hinter jenem Standpunkte zurück, so daß er zwischen Empirismus und dogmatisch-naturphilosophischer Phantastik schwankt.

§ 14. Bacon.

Bacon ist im Jahre 1561 geboren. Obwohl mehr durch äußere Umstände und materielle Rücksichten als durch innere Neigung zur politischen Laufbahn bestimmt, kam er auf dieser, da ihm alle Mittel, selbst Bestechung und Freundesverrat, recht waren, bis zu den höchsten Würden empor. Er wurde schließlich Lord-Kanzler. Allein seine eigene sittliche Verworfenheit führte dazu, daß er in Ungnade fiel und aus seinem Amte verstoßen wurde. Nur besonderer Rücksicht des Königs, der zu solcher auch seinen Grund hatte, mußte Bacon es verdanken, daß jede weitere Bestrafung unterblieb. Bacon zog sich für immer vom politischen Schauplatze zurück und widmete sich seiner Philosophie. Er starb im Jahre 1626.

Wie für die Sophistik im Altertum, so hat in der Neuzeit für Bacon die Wissenschaft keinen eigenen und selbständigen Wert. Sein in der Geschichte der Philosophie so oft zitiertes Wort: „Wissen ist Macht", will ausdrücklich die Wissenschaft zu einem bloßen Mittel im Kampfe um ein möglichst glückliches Durchkommen im Leben herabwürdigen. So charakteristisch das für Bacons Persönlichkeit ist, so charakteristisch ist das auch für seine Philosophie. Darin stimmen Leben und Lehre bei ihm harmonisch zusammen.

Die neue Zeit kündigt sich auch bei Bacon an in seiner Hinwendung zur Natur. Aber es ist nicht das liebevolle Versenken der Naturphilosophen und ihre vermeintliche mystische unmittelbare Wesensanschauung, was ihn zur Natur führt. Es ist auch nicht der nüchtern rationale Zug der Wissenschaft

9*

als solcher, der in ihm wirksam ist. Ein nüchterner Zug ist
freilich in ihm lebendig. Es drängt ihn zur Beobachtung der
Naturkräfte, aber nur — um diese den menschlichen Absichten
nutzbar zu machen. Die Beobachtung der Naturkräfte zum
Zwecke ihrer Nutzbarmachung für den Menschen, — das ist
sein eigentliches philosophisches Ziel. Zu jenem Zwecke führt,
nach Bacon, allein die Erfahrung. So macht er sich ausge=
sprochenermaßen zum Erfahrungsphilosophen. Auf die Er=
fahrung allein kommt es ihm an. Was nicht erfahrbar ist, das
darf die Wissenschaft als ein bloßes Idol ohne jeden Wahr=
heitswert betrachten. Die Idole legen wir heimlich und un=
bewußt in die Erfahrung hinein, die wir dadurch trüben und
verunreinigen. Wir müssen darum die Erfahrung zuallererst
von dieser Trübung reinigen und uns von den Idolen be=
freien. In dieser Idolenlehre liegt freilich ein Hinweis auf
unsere moderne „reine Erfahrung“. Allein ohne daß es Bacon
merkt, hat er die Natur selbst immer noch als eine Art von
geheimnisvoller Kraftwesenheit angesehen, der wir ihre Tech=
niken ablauschen, und er verfällt dem eigentümlichen Schick=
sal, daß sich in seinem Naturbegriff gleichsam alle vier Arten
seiner bekämpften Idole vereinigen. Er unterscheidet: 1. Idola
tribus (die der menschlichen Gattung eigenen, insofern sie das
menschliche Wesen in die Dinge anthropomorphisierend hin=
einlegt), 2. Idola fori (die auf Sprache und gegenseitiger Mit=
teilung beruhen), 3. Idola theatri (die dem blinden Glauben
an die Meinung anderer entstammen), 4. Idola specus (die
ihren Grund in der individuellen Bestimmtheit des einzelnen
Menschen, seinem Charakter, seiner Zeit usw. haben). Die
ersten sind die bedenklichsten, die letzten die am ehesten zu ver=
meidenden. In seinem Naturbegriff stecken sie tragikomischer=
weise alle vier. Wie — das ist nun seine weitere, auf positive
Bestimmung gerichtete Frage — erkennen wir, frei von allen
Idolen, die Kräfte der Natur, die wir uns nutzbar zu machen

haben? Bacons Antwort lautet: Durch die Induktion ver=
mittels des Experimentes. Man hat vielfach Bacon als den
wahren Begründer der induktiven Methode gefeiert und
feiert ihn teilweise heute noch als solchen, gleich als ob Galilei
es nicht wäre, dem einzig und allein der Ruhm von Rechts
wegen zukommt. Von der wirklich methodischen Struktur des
Experiments, die Galilei in Wahrheit erkannt und auf ana=
lytische Methode bloßgelegt hatte, ist bei Bacon so gut wie
nichts zu finden. Er will im Experiment freilich nach dem Ge=
setze von Ursache und Wirkung verfahren. Daß aber in diesem
Gesetze selbst eine überempirische Voraussetzung vorliegt, das
geht dem idolenfreien Erfahrungstheoretiker Bacon nicht auf.
Hätte er sonst doch wohl das Gesetz als Idol ansehen und
darum auf seine „Kunst" des Experimentes selber verzichten
müssen. Beobachten läßt sich das Gesetz jedenfalls nicht; und
doch soll Beobachtung das einzige sein, das sich im Experiment
betätigt. Begriffliches Denken wird abgelehnt. Nichtsdesto=
weniger soll die vom Experiment geleitete Induktion die be=
sonderen „Formen" der Natur enthüllen. Die Historiker pfle=
gen, wohl von Bacon selbst dazu bestimmt, die „Formen"
mit den Platonischen Ideen in Parallele zu setzen. Ein Un=
recht an den Platonischen Ideen. Die besonderen „Formen"
sind für Bacon besondere „Naturen". Er fällt in die geheim=
nisvollen Kräfte, die „dunklen Qualitäten" des Mittelalters
zurück. Und anstatt, wie Galilei, das besondere Ursachsver=
hältnis als Größe der Wirkungsfähigkeit auf eine mathemati=
sche Relation zu überführen, versagt Bacons Verständnis
ganz besonders gerade an der Mathematik, wie es freilich für
den „reinen" Empiristen, der Bacon trotz seiner „Naturen"
hier wieder ist, nicht anders sein kann. Dafür wird aber ge=
rade in diesen „Naturen" Bacons „reine Erfahrung" gleich
wieder in nebulose Phantastik umgebogen.

Einen Ruhm wird man Bacon lassen dürfen, den Ruhm,

das Experiment gefordert zu haben. Aber diese Forderung ist nicht neu. Sie ist uns längst vor Bacon in der ersten natur= philosophischen Epoche begegnet. Das Neue, auf das es ange= kommen wäre, die methodische Durchführung und Be= gründung der Forderung, hat nicht Bacon, sonder Galilei geleistet. Zu seinem Verfahren verhält sich dasjenige Bacons wie das Ablauschen eines Kunstgriffs, den die wesenhaft ge= dachte Natur übt und den der Mensch aus Nützlichkeitsrück= sichten gegen diese selber kehrt, zum Begriff und zur Methode echter Wissenschaft von der Natur als allgemeinem Gesetzes= zusammenhang.

Daß Bacon die Atomistik als für die Naturforschung be= deutsam anerkennt, muß von der Geschichte ebenfalls aner= kannt werden. Wie wenig sich Bacon dabei freilich einem für die Wissenschaft verwertbaren Atombegriff nähert, wie sehr er hier abermals, trotz allen Drängens auf Erfahrung, in der mystischen Spekulation verbleibt, das beweist der Umstand, daß er die Atome mit der seelischen Qualität der Empfindung ausgestattet denkt. Alles Verlangen nach Erfahrung bleibt mannigfach in nebelhaften, widerspruchsvollen Vorstellungen befangen, vielleicht weil er — gar so empirisch sein wollte.

Mehr, als man gewöhnlich zugibt, bleibt Bacon in mittel= alterlichen Anschauungen hängen. Selbst die zweifache Wahr= heit begegnet uns bei ihm. Die Erfahrung ist nur eine Seite oder besser ein Teil der Wahrheit; ihn erreichen wir im Wis= sen. Den anderen Teil der Wahrheit umfaßt die Religion; ihn erreichen wir im Glauben. Wissen und Glauben treten schroff auseinander. Jenes beruht auf natürlicher Erfahrung, dieses auf übernatürlicher Offenbarung. Je sinnwidriger uns ein Inhalt der Offenbarung für unser natürliches Wissen er= scheint, desto wertvoller und verdienstlicher ist es, daran zu glauben. Man hat bezweifelt, ob es Bacon mit dieser Ansicht Ernst gewesen ist. Mit Rücksicht auf den Charakter des Philo=

sophen ist dieser Zweifel nur allzu berechtigt; mit Rücksicht auf den Mangel an begrifflicher Strenge seines Denkens da= gegen wäre eine ernste Ansicht möglich. So muß an diesem Punkte die Frage nach dem Zusammenhange von Persön= lichkeit und Lehre unentschieden bleiben.

§ 15. Locke.

Der von Bacon gegebene empirische Impuls wird auf= genommen von einem anderen englischen Denker, der, an gedanklicher Tiefe unvergleichlich bedeutender als Bacon, zugleich Antriebe von Descartes und Hobbes empfängt und in großartiger Weise zeigt, wie die konsequente methodische Richtung auf Erfahrung auf einen Standpunkt über der Er= fahrung hinausdrängt, auch wenn dieser Standpunkt nicht in scharfer Bestimmtheit erreicht wird. Dieser Denker ist John Locke.

Er ist im Jahre 1632 geboren. Seine erste Bildung empfing er von seinem Vater, einem kenntnisreichen Juristen. Locke selbst nimmt einen zunächst wenig einheitlichen, wechselvollen Entwick= lungsgang. Ursprünglich entschließt er sich zum Studium der Theo= logie. Doch kehrte er sich diesem wegen der Schwierigkeit der reli= giösen Verhältnisse seiner Heimat bald wieder ab, um sich zunächst nur vorübergehend einer diplomatischen Stellung zuzuwenden. Seinen naturwissenschaftlichen und philosophischen Neigungen fol= gend, wählt er sodann das medizinische Studium, entfaltet schließ= lich aber seine eigentliche Bedeutung auf dem Gebiete der Philoso= phie. Durch seine freundschaftlichen Beziehungen zum Hause des Grafen Shaftesbury gelangte er wiederum auf das Gebiet politischer Betätigung, das ihn aber in die schwierigsten Verhältnisse verwickelte. Zweimal in amtlicher Stellung, wird er auch zweimal aus ihr ver= drängt und schließlich sogar zur Flucht genötigt. Auch er findet in dem freiheitlichen Holland eine gastliche Aufnahme und Muße zur Ausarbeitung seiner philosophischen Gedanken. Endlich wieder in die Heimat zurückgekehrt, gelingt es ihm, unter günstigeren Verhält= nissen, eine politische Stellung und großen politischen Einfluß zu ge= winnen, den er im Sinne des Liberalismus verwendet. Während seiner letzten Jahre zieht er sich in die Stille des Landlebens zurück, aus dem ihn im Jahre 1704 der Tod abberief.

Schon die Fragestellung, von der seine Philosophie aus=
geht, zeigt den bedeutenden Denker. Ähnlich wie Descartes
berichtet er, gleichsam biographisch, über die Entdeckung seines
Problems, das als solches auch eine sachliche Verwandtschaft
mit demjenigen Descartes' hat, so grundverschieden auch die
sich gerade in polemischer Gegensätzlichkeit bewegende Lösung
sein mag. Locke berichtet in seinem Hauptwerke „Über den
menschlichen Verstand" („An essay concerning human under-
standing"): In einer Gesellschaft von fünf oder sechs Freun=
den habe man sich über ein bestimmtes Thema unterhalten.
Man habe „hin und her geredet, ohne sich aus den Zweifeln,
in die man geraten, befreien zu können". Bei dieser Ge=
legenheit sei es gewesen, daß ihm „der Gedanke gekommen
sei, wir müßten, ehe wir auf Untersuchungen dieser Art —
welcher Art sie gewesen, erwähnt Locke nicht — uns einließen,
überhaupt erst einmal unsere eigenen Fähigkeiten prüfen und
untersuchen, mit was für Gegenständen unser Verstand sich
überhaupt beschäftigen könne und mit welchen nicht". Damit
hat er das Grundproblem seiner Philosophie bezeichnet. Er
will, wie er gleich darauf sagt, „den Ursprung, die Sicherheit
und den Umfang des menschlichen Wissens untersuchen". Man
bemerkt sofort die Verwandtschaft mit der Fragestellung Des=
cartes', die auch auf eine Untersuchung von Wesen und Um=
fang der Erkenntnis abzielte, — freilich in ihrer Art. Die Art,
die Methode aber schon ist so grundverschieden, wie nachher
auch die Lösung.

Für Locke ist es der „Ursprung" des Wissens, der über die
Bedeutung entscheiden, weil die „Notwendigkeit", von der
„Willkürlichkeit" des Denkens unterscheiden soll. Das heißt:
bei aller Verwandtschaft der philosophischen Fragestellung
wird diese bei Locke vom Logischen sofort ins Psychologische
umgebogen. Genauer spitzt sie sich ihm nun folgendermaßen
zu: All unser Denken ist ein Denken von etwas, d. h. es bildet

etwas immer „bei unserem Denken den Gegenstand des Ver=
standes". Was aber „bei unserem Denken den Gegenstand
des Verstandes bildet", das bezeichnet Locke, wie er von vorn=
herein zur Verdeutlichung erklärt, mit dem Worte „Ideen",
um als Ideen „alles zusammenzufassen".... womit über=
haupt „der Verstand sich beim Denken beschäftigt"; und die
Grundfrage wird jetzt für ihn die, „wie man zu ihnen (d. h.
zu Ideen) gelangt". Diese Frage aber beantwortet Locke, wie
er sagt, „mit einem Worte: aus der Erfahrung". Aus ihr
„leitet sich unser Wissen ab". Darum, meint Locke, ist es auch
in ihr „begründet". Die psychologisch richtige These, daß alles
Wissen in seinem Ursprung aus der Erfahrung stammt, bildet
sich ihm unvermittelt in die logisch unhaltbare These um, daß
es auch in der Erfahrung begründet ist. Das hat man festzu=
halten, um einerseits der ganzen Größe der Bedeutung des
Philosophen gerecht zu werden und dabei andererseits deren
Grenzen nicht zu übersehen.

Um nun die These, daß alles Wissen aus der Erfahrung
stammt, zu erhärten, wendet sich Lockes „Prüfung" gleich
gegen die angeborenen Ideen. Seine treffende und sichere
Kritik richtet sich hier ebenso gegen die vermeintlich angebo=
renen theoretischen „Grundbegriffe", wie gegen die „prak=
tischen Grundsätze". Um beide zu beweisen, beruft man sich
auf die „Zustimmung aller", den „consensus omnium", wo=
durch die Gewißheit und Sicherheit der angeborenen Ideen
garantiert sein soll. Lockes Kritik richtet sich nun mit ein=
dringendstem Scharfsinn gegen dieses Argument vom consensus omnium. Zunächst gibt er ohne weiteres zu, daß, wenn
es angeborene Ideen gäbe, diese in der Tat allgemeinen Bei=
fall finden müßten. Aber darum dürfte man doch auch noch
nicht umgekehrt, wie es die Theorie von den angeborenen
Ideen tut, vom allgemeinen Beifall auf das Angeborensein
schließen. Mithin würde das Argument von der allgemeinen

Zustimmung gar nichts besagen. Das ist das erste. Zweitens aber würde der Beifall aller noch gar nichts über die Richtig= keit und die „reale" Bedeutung der angeborenen Ideen, die bloß „phantastische" Denkgebilde sein könnten, entscheiden. Es würde nichts hindern, daß genau das Gegenteil dessen richtig ist, was die Zustimmung aller findet, wie ja auch vieles richtig ist, was gar nicht die Zustimmung aller findet. Für die „reale" Bedeutung des Wissens müßte sich in jedem Falle also ein ganz anderer Ursprung aufweisen lassen. Drittens aber —das ist Lockes bedeutsamstes Argument gegen die angeborenen Ideen, in dem er die beiden vorigen Gegengründe noch ein= mal zusammenfaßt und konsequent weiterführt — gibt es überhaupt keine allgemeine Zustimmung. Diese ist eine bloße Fiktion. Gäbe es angeborene Ideen, so müßten sie freilich allgemeine Zustimmung erfahren, wenn man auch umge= kehrt noch nicht etwas deshalb für angeboren zu halten braucht, weil es allgemeine Zustimmung findet. Kann man nun be= weisen, daß es überhaupt eine solche allgemeine Zustimmung nicht gibt, so hat man auch bewiesen, daß es keine angebore= nen Ideen gibt, gerade weil sie, wenn es sie gäbe, die Zu= stimmung aller, denen sie angeboren sein sollten, finden müßten.

Der Beweis, daß es keine allgemeine Zustimmung gibt, ist aber sehr leicht erbracht, und zwar gerade an der Hand der vermeintlich angeborenen Ideen. Diesen Beweis liefert die einfache Tatsache, daß „bei Kindern, Idioten, Wilden und völlig Ungebildeten" gar keine Spur von jenen Ideen zu finden ist.

Lockes Kampf gegen die angeborenen Ideen bedeutet in der Geschichte des menschlichen Denkens ein Verdienst von der allergrößten Tragweite. Denn dadurch befreite er die Psychologie aus dem Banne rationalistischer Dogmatik und stellte sie auf den Boden empirischer Forschung. Er hat darum, soweit er die Sache psychologisch faßt, auch überall gegen Descartes recht. Aber weil er die Sache nur psychologisch faßt, übersieht er die logische Funktion, die Descartes' „eingeborene Ideen" zum Unterschiede von den von Locke be=kämpften „angeborenen Ideen" außer und neben der psycho=logischen Bedeutung eines gedanklichen Gebildes haben. Rück=sichtlich des psychologischen Ursprungs erreicht Locke damit aber die gänzliche Ausschaltung der angeborenen Ideen und er kommt zu dem Schluß: Die Seele ist an und für sich gleich=sam „ein weißes Blatt Papier, ohne alle Schriftzüge, d. h. ohne alle Ideen". Es kann also erst die Erfahrung sein, die jene Schriftzüge ihr aufprägt. Und damit hat Locke seine These, daß alles Wissen aus der Erfahrung stammt, erhärtet. Es fragt sich jetzt nur noch, „in welcher Weise" man durch Erfahrung zum Wissen gelangt. Hier haben wir nach Locke zwei „Quellen" unseres aus der Erfahrung geschöpften Wis=sens zu unterscheiden. „Erstens", so heißt es bei Locke, „leiten unsere Sinne, sofern sie mit äußeren Gegenständen von be=stimmter Beschaffenheit in Beziehung treten, eine Mannig=faltigkeit verschiedener Wahrnehmungen von Dingen in unser Bewußtsein, je nachdem die Gegenstände selbst auf sie wir=ken." Die eine „große Quelle der meisten unserer Ideen, die ganz in unseren Sinnen liegt", heißt darum „Sinneswahr=nehmung" (sensation). Die Sinneswahrnehmung liefert uns die einfachsten „Ideen, die wir von Gelb, Weiß, Warm, Kalt, Weich, Hart, Bitter, Süß und sonst allem haben, was wir als sinnlich wahrnehmbare Eigenschaften ansprechen, die die Sinne uns, wie ich behaupte, dadurch ins Bewußtsein brin=gen, daß äußere Gegenstände in ihnen Wahrnehmungen her=vorrufen".

Nun erschöpft sich zweitens aber die Erkenntnis nach Locke keineswegs in der sensation, in der Sinneswahrnehmung. Ihn dahin auszudeuten, heißt seine Lehre um einen Teil ihrer

tiefsten Bedeutung bringen. Keine Sinneswahrnehmung als
solche vermittelt schon Erkenntnis. Alles, was der Philosoph
soeben aufgezählt hat, Weiß, Gelb, Süß usw., das sind noch
keine Erkenntnisse. Solche lägen erst vor, wenn ich von etwas
aussagte, es sei weiß, es schmecke süß u. dgl., das bedeutet
also, wenn ich eine Verknüpfung und Beziehung zwischen
den Sensationen vollzöge. Der Sensation muß sich noch
„eine zweite Quelle, aus der die Erfahrung dem Verstande
Ideen darbietet“, beigesellen. Das ist die Reflexion (reflexion). Sie ist die „Betätigung der Seele selbst“, die diese
an den Sensationen übt.

Der Sensation als der äußeren Wahrnehmung verbindet
sich die reflexion als die innere Wahrnehmung. Hier bereitet
Locke die spätere Unterscheidung von „äußerem Sinn“ und
„innerem Sinn“ vor und bringt Descartes' Begriff des beziehenden Denkens auf den klarsten, wenn auch noch nur
psychologisch gefaßten Ausdruck. Die ursprünglichere Beziehung auf die Wirklichkeit behauptet zwar die Sensation.
Aber damit sie zur Erkenntnis verwertet werden kann, bedarf sie des Hinzutritts der Reflexion, wie diese sich immer
nur auf Grund vorangehender Sensation zu betätigen vermag. Keine Reflexion ohne voraufgehende Sensation, da
sonst die Reflexion nichts hätte, an dem sie sich betätigen
könnte. Keine Sensation, wenigstens in der Erkenntnis, ohne
Reflexion, da sie ohne Reflexion nichts hätte, was sie zur Erkenntnis durch Verknüpfung und Beziehung verwertete. Die
Reflexion hat also eigentlich eine Mannigfaltigkeit von Funktionen. Erstens reflektiert sie die Sensationen gleichsam ins
Bewußtsein; zweitens reflektiert sie auf die Sensationen,
nachdem sie sie ins Bewußtsein reflektiert hat, und stellt Ver-
knüpfungen zwischen ihnen her durch Bewußtseinstätigkeiten,
deren Inbegriff sie selbst ist. Und drittens reflektiert sie auf die
einzelnen Bewußtseinstätigkeiten, die gleichsam ihre Spezi-

fikationen sind, „als da sind: wahrnehmen, denken, zweifeln,
glauben, schließen, wissen, wollen und alle die verschiedenen
anderen Tätigkeiten der Seele, von denen wir durch unser
Bewußtsein und Beobachtung ebenso Ideen gewinnen, wie
von den Körpern durch unsere Sinne".

Wenn wir nun nach dem Wirklichkeitsgehalt der wahrge=
nommenen Eigenschaften fragen, so zeigt sich, daß sie keines=
wegs die äußeren Dinge ohne weiteres abbilden. Hier haben
wir zweierlei zu unterscheiden: Erstens gibt es solche Eigen=
schaften, die „von den Dingen unabtrennbar sind" und blei=
ben, auch wenn sie nicht wahrgenommen werden, also auch
wenn z. B. ein Ding „zu klein ist, um für sich allein noch mit
unseren Sinnen wahrgenommen werden zu können". Diese
Eigenschaften bezeichnet Locke als „primäre Qualitäten". Er
unterscheidet deren folgende: „Solidität, Ausdehnung, Ge=
stalt, Bewegung und Ruhe, Zahl". Zweitens gibt es Eigen=
schaften, die in den wirklichen Dingen nur eine Wirkungsweise
auf unsere Sinnesorgane bezeichnen. Sie sind als Wirkungs=
weise der Dinge auch wirklich, aber weil wir sie nur durch die
Einwirkung auf unsere Sinne erkennen, bezeichnen sie nur die
Dinge, sind aber von den Organen selbst mit abhängig und
nicht ein Ausdruck der Dinge allein. Das sind die „sekundären
Qualitäten", wie „Farben, Töne, Geschmäcke usw.".

Die Unterscheidung von primären und sekundären Quali=
täten ist das bekannteste, aber keineswegs originalste Lehr=
stück Lockes. Sie geht auf die großen Begründer der ratio=
nalen Philosophie, wo wir sie bereits nur unter anderer Form
und Benennung kennen gelernt haben, zurück. Locke selbst
hat sie freilich noch sehr energisch herausgearbeitet und betont.
Zugleich hat er hier eine über die Erfahrung hinausführende
Stellung eingenommen, ohne freilich festen Fuß fassen zu
können. Die primären Qualitäten sollen unabtrennbar von
den Dingen sein und auch unabhängig von der Wahrnehmung

bestehen. Damit ist der bloß empirische Standpunkt schon ver=
lassen; und es ist durchaus konsequent von Locke, wenn er der
Wahrnehmung die Fähigkeit abspricht, die Dinge, wie sie an
sich sind, zu erkennen. Er hat in seinen primären Qualitäten
gerade an die logischen Grundmittel der rational gerichteten
Philosophie angeknüpft. Nur gelangt er nicht dazu, sie als
rein logische Funktion anzusprechen. Aber er steht unmittelbar
vor dieser kritischen Einsicht: Sie sind ihm unaufgebbar, und
doch kann er sie konsequenter= und richtigerweise nicht als ab=
solute durch Wahrnehmung gewonnene Eigenschaften abso=
luter Dinge ansehen, da uns solche keine Wahrnehmung zeigt.
Erst recht sind sie nicht angeboren. Alle diese Negationen
führen unmittelbar an die logische Position heran, ohne daß
diese selbst erreicht wird. Man hat hier allenthalben ein wider=
spruchsvolles Schwanken Lockes bemerkt. Man mag damit
recht haben. Es bleibt aber zu beachten, daß, wenn hier ein
Widerspruch Lockes vorliegt, dies der des dialektischen Denk=
fortschrittes ist, daß in diesem Schwanken die ganze Energie
und Eindringlichkeit des Lockeschen Denkens sich betätigt.

Und auch noch von einer anderen Seite her, wiederum
von seiner bedeutsamen Unterscheidung von Sensation und
Reflexion aus, gelangt Locke einen weiteren wesentlichen
Schritt nach vorwärts. Gerade hinsichtlich der primären Qua=
litäten geht ihm die Einsicht auf, daß der Verstand Ideen auch
„ohne Hilfe eines äußeren Gegenstandes und ohne äußere
Beeinflussung (Suggestion) in sich selbst zustande bringt".
Die Idee der Ausdehnung insbesondere zeigt Locke in einem
interessanten Ringen mit dem Raumproblem. Zu logischer
Ausgeglichenheit kann es freilich bei ihm nicht kommen. Auf
der einen Seite soll es absolut „einleuchtend sein, daß wir die
Idee des Raumes durch den Gesichts= wie durch den Tast=
sinn erhalten". Auf der anderen Seite verwickelt ihn der Un=
endlichkeitsbegriff gerade hinsichtlich des Raumes in unlösbare

Schwierigkeiten und Widersprüche. Sie beruhen alle auf dem von seinem Ausgangspunkte her freilich durchaus konsequenten Mangel an Unterscheidung zwischen dem mathematischen und dem Vorstellungsraum, wie er auch die Bedeutung der Mathematik für die Physik verkennt. Aber das ist wieder besonders interessant, daß er in der Zahlengesetzlichkeit, über die er ausführlich handelt, die gewisseste Erkenntnis erblickt. Ihm ist „jeder Zahlenmodus deutlich bestimmt". Bei keinem Modus der Sensation aber ist das der Fall. Es kann keiner „zwischen der Weiße dieses Papiers und dem nächstliegenden Grade einen Unterschied finden". Hier scheinen schon mathematisches und physisches Kontinuum auseinanderzutreten. Aber wie er in der Beurteilung des Erkenntniswertes der Zahl unendlich hoch über Bacon steht, so teilt er mit diesem doch gerade den Mangel an Einsicht in deren Bedeutung für das Gebiet der Sensation, das ihm — und das ist gerade für seine empirische Auffassung charakteristisch — der eigentlichen Wissenschaftlichkeit entbehren soll. So treibt Locke vielfach über den empirischen Standpunkt gerade mit seiner empirischen Methode hinaus. Um freilich jenseits jenes eine Position fassen zu können, hätte er noch einen weiteren Schritt tun müssen, seine Auffassung von der Idee als seelisches Gebilde hätte sich weiterbilden müssen in diejenige der logischen Bedingung, die über Sensation und Reflexion in ihrem Erkenntniswerte kritisch entscheidet, was die Untersuchung über den Ursprung, so bedeutsam sie auch ist, nicht vermag.

In der Philosophie Lockes bildet ohne Zweifel seine Erkenntnislehre den wichtigsten Faktor. Sie steht darum auch für die Geschichte im Vordergrunde des Interesses. Doch hat Locke auch für manche andere philosophische Disziplinen bedeutsame Impulse gegeben. Bei seinem persönlichen Interesse für das politische Leben lag es für den Philosophen auf der Hand, sich selbst über seine Auffassung von Staat und

Recht Rechenschaft abzulegen. Die freiheitliche politische Entwickelung ist der beherrschende Gesichtspunkt für seine Rechts-
philosophie. Mit Hobbes weist er dem Staate die Aufgabe zu,
über den Naturzustand hinauszuführen; gegen Hobbes aber
erkennt er auf das konstitutionelle, nicht das absolutistische
System, seinem Freiheitsprinzip entsprechend. Dabei dringt
er auf die Trennung von Staat und Kirche. Die Kirche ist
keine politische, sondern eine religiöse Organisation.

In seiner Religionsphilosophie nimmt er die Notwendigkeit einer Offenbarung an. Diese aber muß von der Vernunft
selbst geprüft werden. Denn sie darf keine der Vernunft
widersprechenden Sätze enthalten, wenn sie auf einen sinn-
vollen Inhalt Anspruch machen will. Der Inhalt der Offenbarung ist an sich selbst also ein vernünftiger. Sie war nur
nötig, weil wir aus menschlicher Kraft allein die vernünftigen
Inhalte, die sie uns lehrt, nicht zu erreichen vermögen. Wegen
der Vernünftigkeit der Offenbarung bleibt also auch der Vernunft immer die Entscheidung darüber vorbehalten, ob ein
gewisser Inhalt in Wahrheit ein geoffenbarter sei oder nicht.
So wird die Vernunft dem kirchlichen Dogmenglauben gegenüber in Freiheit gesetzt. Und wie auf dem Gebiete der Religion, so ist auch auf dem der Erziehung der Gesichtspunkt
vernünftiger Freiheitsentfaltung das leitende und herrschende
Prinzip Lockes.

§ 16. Berkeley.

Die Lehre Lockes hat die mannigfachsten Wirkungen in
der Geschichte geübt. Auf politischem, religiösem und päda-
gogischem Gebiete wirkte sie in erster Linie praktisch. Für die
Philosophie aber war es vor allem seine Erkenntnislehre,
die den bedeutsamsten Einfluß gewann. Seiner Spur werden
wir bald auch auf naturphilosophischem Gebiete wieder begegnen. In der vorwiegend empirisch bestimmten Philo-

sophie gewinnt er zunächst aber seine größte Bedeutung für Berkeley. Dieser knüpft an Lockes Erkenntnislehre an, um sie selbständig fortzubilden und zugleich da eine festere Stellung zu gewinnen, wo die Lehre Lockes schwankend geblieben war.

George Berkeley ist im Jahre 1685 geboren. Er studierte in Dublin. In echter Frömmigkeit ist er, ähnlich wie Leibniz, aber mit mehr religiöser Innerlichkeit und mit geringerer Verstandesenergie, auf eine versöhnende Vermittlung von Religion und Wissenschaft gerichtet. Als Missionar begibt er sich auf einige Jahre nach Amerika, wo er ebenso für die Ausbreitung des Wissens, wie für die des Glaubens wirkt. Ja er trägt sich mit dem Gedanken, hier eine Hochschule zu errichten. Ohne ihn aber verwirklichen zu können, kehrt er in seine Heimat zurück, wo er bis zu seinem Tode, im Jahre 1753, als Bischof von Cloyne in Irland wirkte.

Wie für Locke, so hat alles Wissen von realem Gehalt auch für Berkeley seinen Ursprung in der Wahrnehmung und Erfahrung. Wie Locke die „angeborenen Ideen“, so bekämpft Berkeley den „reinen Intellekt“. Und kein Begriff ist vielleicht so geeignet wie dieser, das Verhältnis der empirischen Richtung der Philosophie zur rationalen zu illustrieren. Was für Descartes die intellectio pura war, das faßte Berkeley als intellectus purus auf und bekämpfte es. Jene war für Descartes in letzter Linie der Inbegriff der Vernunftwahrheiten. Für Berkeley aber ist der intellectus purus ein seelisches Vermögen, das ohne Erfahrung aus angeborener Kraft heraus erkennen soll. Ein solches aber kann Berkeley nicht zugeben. Für ihn ist das Wissen, genau wie für Locke, auf die Wahrnehmung verwiesen. Aber wie für Locke, ist das Wissen noch nicht in den isolierten Wahrnehmungen beschlossen, sondern besteht erst in deren Beziehung und Verknüpfung.

So weit geht Berkeley mit Locke zusammen. Aber gerade dessen Unterscheidung von Sensation und Reflexion lehnt Berkeley ab, und von hier aus gelangt dieser über seinen Vor-

gänger hinaus. Locke selbst hatte betont, daß in der Erkennt=
nis Sensation und Reflexion zusammenwirken müssen. Das
aber wäre, nach Berkeley, nicht möglich, wenn sie wirklich
zwei spezifisch verschiedene Quellen der Erfahrung wären, als
welche Locke sie hinstellte. Wir erfahren doch die Sensationen
immer nur durch die Reflexion, was aus Lockes Lehre selbst
hervorgeht. Also, so schließt Berkeley, kann die Sensation
selbst nur eine Art der Reflexion sein.

Dadurch nun entzieht Berkeley den Sinneswahrnehmun=
gen jedes äußere Substrat, von dem jene bewirkt sein sollen,
womit zugleich Lockes Unterscheidung von primären und se=
kundären Qualitäten aufgehoben wird. Die primären Quali=
täten sind keineswegs ohne Beziehung auf Wahrnehmung,
denn sie sind nichts ohne die sekundären Qualitäten. Zieht
man diese von den Dingen ab, so werden die Dinge selbst zu
nichts. Das Beispiel von der Kirsche, an dem Berkeley das
illustriert, ist ja so berühmt geworden, daß man nicht ein=
gehend zu erläutern braucht, wie er darzulegen sucht, daß die
Kirsche, ohne die Eindrücke auf Tast=, Gesichts=, Geschmacks=
sinn, eben nichts mehr ist. Wir müssen alles sehen, tasten, hö=
ren, riechen usw. können, wenn wir es überhaupt für etwas
halten sollen. Auch die Ausdehnung ist uns nur in Beziehung
auf den Gesichts= und Tastsinn gegeben, wie Locke freilich
schwankend selbst betont hatte. Ohne diese Wahrnehmungs=
bedingungen ist sie nichts als eine leere Abstraktion, die wir
in Wahrheit aber nicht einmal vollziehen können. Denn alles,
was wir uns wirklich denken können, ist nie etwas abstrakt
Allgemeines, sondern ein individuell Bestimmtes. Wir stellen
uns — das ist der psychologisch interessante und bedeutsame
Sinn von Berkeleys Kampf gegen die Allgemeinvorstellung
— auch da, wo wir in allgemeinen Vorstellungen zu denken
glauben, in Wahrheit doch immer heimlich etwas Bestimm=
tes — also z. B. nicht den Tisch überhaupt, sondern einen be=

stimmten Tisch — vor, das nur eine Allgemeinheit vertritt, die selbst aber nie etwas Wirkliches ist.

Berkeley gelangt damit freilich nicht zu einer präzisen Scheidung von Vorstellung und Begriff und zu einer Einsicht in die logische Funktion des Begriffs. Aber so bemerkenswert hier seine Gedanken für die Psychologie überhaupt sind, so entscheidend wurden sie für seine Philosophie. Denn nun folgt für ihn, da die primären Qualitäten Lockes nichts ohne die sekundären sind, daß diese nicht die Wirkung von jenen als ihrer äußeren absolut existierenden Ursache sein können, daß es also „äußere absolut existierende Originale" nicht gibt. Das, was Locke für den Gegenstand der äußeren Wahrnehmung hielt, der eine absolute Existenz haben sollte, wird für Berkeley von der inneren Wahrnehmung zu den sekundären Qualitäten selbst hinzugefügt, so daß sich hier ihm in der Tat die Sensation nur als ein Modus der Reflexion erweist. Es gibt nichts außer der Wahrnehmung absolut Existierendes, Ausgedehntes, Dichtes usw., das die Wahrnehmung bewirken sollte, zu dem die Wahrnehmung gleichsam sich wie eine, wenn auch ungetreue Abbildung zum „Original" verhielte. Vielmehr ist dies immer nur in der Wahrnehmung selbst gegeben, sein Sein im Wahrgenommensein beschlossen, so daß jetzt die Gleichung sich ergibt: „esse = percipi".

Damit aber soll die Wirklichkeit keineswegs zur Illusion und die Unterscheidung von Wahrheit und Schein aufgehoben werden. Im Gegenteil glaubt Berkeley die Wahrnehmungsdinge der Illusion, zu der die philosophische Theorie sie herabgedrückt, zu entziehen und so der Wissenschaft, wie dem natürlichen Verstande Rechnung zu tragen. Zur Illusion wird unsere Erkenntnis nur, wenn wir „absolute äußere Originale" annehmen, die an sich ganz anders sein sollen, als sie in der Wahrnehmung sich darstellen, und wie der natürliche Verstand sie annimmt; nicht aber, wenn wir ihr Sein in der

Wahrnehmung selber besitzen. Der Unterschied zwischen Wahrheit und Illusion wird nun also nicht darein verlegt, ob den Wahrnehmungen „äußere Originale" entsprechen oder nicht, sondern allein in ihre innere Abfolge. Wahrheit liegt in der strengen Gesetzmäßigkeit und unwillkürlichen Ordnung der Wahrnehmungen; Willkür und Regellosigkeit dagegen ist das Zeichen der Illusion. Regel und Zusammenhang freilich lassen sich für Berkeley nicht logisch-begrifflich, sondern nur psychologisch und metaphysisch fassen. Eines letzten metaphysischen Fundamentes kann nämlich bei Berkeley in letzter Linie die empirische Tendenz nicht entbehren. Die Wahrnehmungen sind wirklich, und sie finden statt in wirklichen wahrnehmenden Wesen, ihre Ordnung hat realen Erkenntnisgehalt. Woher die wahrnehmenden Wesen, woher die von der Willkür der wahrnehmenden Wesen unabhängige Ordnung der Wahrnehmungen? Das ist für Berkeley in letzter Linie die bedeutsamste Frage. Von äußeren Dingen können zunächst die Wahrnehmungen nicht stammen, ebensowenig wie ihre Ordnung von unsrer Willkür. Von einer geistigen Macht müssen sie aber hervorgebracht sein, und da das Wesen der geistigen Macht Wille ist, müssen sie in einem höchsten Willen ihren Grund finden, das ist in Gott. Aus ihm stammt die Ordnung unserer Wahrnehmungen, wie jedes wahrnehmende Wesen selbst. Ihn kennen wir aber nicht aus Erfahrung, sondern — hier kommt der bekämpfte intellectus purus bei Berkeley unvermerkt selbst zu Ehren — allein aus der Vernunft. Es ist kein Zweifel, daß hier beim Bischof Berkeley ein theologisches Motiv wirksam ist. Dies ist aber doch nicht das einzige. Vielmehr liegt hier auch eine über die bloße Empirie hinausdrängende rationale Tendenz vor, die als solche freilich noch ganz und gar im Dogmatischen verbleibt. Alle Wissenschaft hat für Berkeley nur empirischen Gehalt, die Mathematik ebenso wie die Physik. Nur die Psychologie — das ist charakteristisch — hat Vernunftgehalt. So werden die ursprünglich empirisch-psychologischen Beziehungen zu rationalen, meta-physisch-psychologischen. Seine Psychologie wird zur ratio-nalen Psychologie, die sich bei ihm als Metaphysik des Geistes, als Spiritualismus darstellt.

§ 17. Hume.

Wie die rationale Philosophie, so ist in ihren Hauptver-tretern auch die empirische Richtung, wenngleich in anderer Art, darauf gerichtet, die naive Verabsolutierung der Wirk-lichkeit zu zersetzen. Hatte Locke die „sekundären Qualitäten" ihrer Absolutheit entkleidet, so nahm Berkeley auch den „pri-mären Qualitäten" den diesen von Locke, freilich nur schwan-kend, gelassenen absoluten Charakter. Dafür setzte er aber in Gott, den wahrnehmenden Wesen und der göttlichen Wir-kung auf sie noch absolute, wesenhafte Erkenntnisgegenstände, die für die weitere Entwickelung selbst Gegenstände der Kri-tik wurden. In dieser Kritik vollendete sich nun recht eigent-lich erst das empirische Verfahren, in einer Weise, die zur radikalen Überwindung des Empirismus als philosophischen Standpunktes die wirkungsreichste Arbeit leistete. Diese Lei-stung vollbrachte die philosophische Tat Humes.

David Hume ist im Jahre 1711 zu Edinburg geboren. Er stu-dierte Philosophie, Geschichte und Literatur. Nach vorübergehenden Versuchen, einen rein wirtschaftlichen Beruf zu ergreifen, begab er sich auf mehrere Jahre nach Frankreich, wo er sein Hauptwerk (Treatise upon human nature) ausarbeitete. Nach England zurück-gekehrt, bemühte er sich vergeblich um eine Professur. Und auch als seine späteren Arbeiten seinen Ruhm schon durch alle Welt zu tragen begannen, erhielt er nur als Bibliothekar in Edinburg eine Anstel-lung. Sehr spät erst gelangte er in ein hohes Staatsamt, das er aber nur kurze Zeit bekleidete. Die letzten Jahre seines Lebens verbrachte er in wissenschaftlicher Zurückgezogenheit zu Edinburg, wo er 1776 starb.

Wie für Locke und Berkeley, so muß auch für Hume in letzter Linie alle Erkenntnis auf Sinneseindrücke (impression) rekurrieren, so wenig freilich in der Impreſſion als ſolcher die Erkenntnis beſchloſſen iſt, weil dieſe immer in einer Be= ziehung von Eindrücken beſteht. Nur bleibt die Impreſſion die eigentliche Erkenntnisgrundlage, und alle Vorſtellungen (idea) haben ſelbſt nur für die Erkenntnis Bedeutung, wenn ſie aus Eindrücken ableitbar ſind.

Freilich kann Hume nicht mehr auf den vorberkeleyſchen Standpunkt Lockes zurückſinken und in den Empfindungen Einwirkungen abſoluter ſubſtantieller Dinge ſehen. Solche Dinge und Subſtanzen ſind uns ja in unſeren Empfindungen gar nicht gegeben. Wirklich empfinden können wir immer nur Farben, Töne, Gerüche uſw., aber nicht ſubſtantielle Dinge, an denen dieſe Eigenſchaften haften ſollen. Vielmehr ſind es immer erſt die Eigenſchaften, die die Dinge ausmachen, nicht aber ſind es die Dinge, die den Eigenſchaften zugrunde liegen, gerade weil ſie ja gar nichts ohne die Eigenſchaften ſind. Weil deren Sein aber allein in der Empfindung vorliegt, kann es auch für Hume konſequenterweiſe kein Sein unabhängig von der Wahrnehmung geben. Er leugnet ebenſowenig wie Ver= keley das Sein überhaupt, aber er erkennt, wie ſein Vor= gänger, nur das Sein als Wahrgenommenwerden an. Darum muß auch für ihn die Erkenntnis vom Irrtum unterſchieden bleiben und in der richtigen Verknüpfung der Perzeptionen beſtehen, dieſe ſowohl im Sinne der urſprünglichen Impreſ= ſionen, als auch in dem der aus den Impreſſionen hervor= gegangenen Ideen verſtanden.

Bis zu dieſem Punkte ſcheint ſich Hume ganz in den Bah= nen Verkeleys zu bewegen und nur über Locke fortzuſchreiten Nun aber geht er in ebenſo konſequenter Weiſe über Verkeley hinaus, wie dieſer über Locke. So wenig Verkeley die abſo= luten ſubſtantiellen Dinge, die wahrgenommen werden ſollten, anerkennen konnte, ſo ſehr galten ihm doch die Weſen, die wahrnehmen ſollten, eben für reale Weſenheiten und

ebenso real war ihm die Einwirkung Gottes auf die wahrnehmenden Wesen. Hier setzt nun Humes Kritik mit radikaler
Konsequenz und originaler Schärfe ein: Empfindungen und
Vorstellungen gewahren wir sicher, aber von einem solchen
von Berkeley vorausgesetzten empfindenden und vorstellenden
Wesen, genannt Seele, gewahren wir nichts. Wie für Ber-
keley die äußeren substantiellen Dinge nur zur Summe der
Eigenschaften wurden, ohne diesen gegenüber noch eine Selb-
ständigkeit behaupten zu können, so wird für Hume auch das
wahrnehmende Wesen, die Seele, zum bloßen Komplex von
Empfindungen und Vorstellungen und hört auf, etwas den
Empfindungen und Vorstellungen gegenüber selbständiges
Reales zu sein, das als ein absolut existierender Träger der
Empfindungen und Vorstellungen gedacht werden könnte.
Die Seele ist nur ein Beisammen von Empfindungen und
Vorstellungen, wie die vermeintlich äußeren Dinge nur ein
Beisammen der empfundenen und vorgestellten Eigenschaf-
ten sind. Modern gesprochen könnte man Humes Unterschei-
dung zwischen dem, was man „Seele", und dem, was man
„äußeres Ding" zu nennen pflegt, so ausdrücken: Die „Seele"
ist nichts anderes, als ein Mannigfaltiges von Empfindungs-
und Vorstellungs = Funktionen, das „äußere Ding" nichts
anderes, als ein Mannigfaltiges von Empfindungs= und Vorstellungs = Inhalten. So wenig wir aber wahrnehmende
Wesen gewahren, so wenig gewahren wir auch irgendwelche
Einwirkungen auf sie. Ursächliches Wirken, oder kurz die Kausalität, ist uns niemals in der Erfahrung gegeben. Wir gewahren immer nur, daß etwas (A) auf etwas anderes (B)
folgt, nicht aber, daß es notwendig und warum es folgt. Wie
uns in vermeintlich äußeren Dingen und in den vermeintlich
wahrnehmenden Wesen nur ein Beisammen, ein Miteinander,
so ist uns in der vermeintlich kausalen Abfolge nur ein Nacheinander (ein „Post"), nie wirklicher Zusammenhang von

Urfache und Wirkung (ein „Propter") gegeben. Beide be=
ruhen aber auf rein pfychologifch immanenten Perzeptions=
gefetzmäßigkeiten felber, die nicht etwa Gefetze eines feeli=
fchen Wefens, fondern nur Gefetze der Vorftellungen find:
Wo wir fimultan ein Mannigfaltiges zufammenfinden und
diefes Beifammenfein fich wiederholt, da fubftantiieren wir
das Beifammen zu dinglichen, fubftantiellen Wefenheiten.
Und wo wir beobachten, daß etwas auf etwas anderes folgt,
da nehmen wir einen notwendigen Zufammenhang an, fo=
bald wir gewöhnt find, daß diefe Abfolge eintritt. Und rein
gewohnheitsmäßig betrachten wir dann eines als Urfache,
das andere als Wirkung. Wie für Berkeley der Raum zu
einem bloßen Ordnungsverhältnis des Beifammen, fo wird
für Hume auch die Zeit zu einem rein pfychologifchen Ver=
hältnis, in dem fich die Perzeptionen ordnen. Und wie in der
Simultaneität der pfychologifche Grund für die Subftanz=
vorftellung, fo ift in der Sukzeffion der pfychologifche Grund
für die Kaufalvorftellung gelegen. Weil Raum und Zeit nur
die formalen feelifchen Beziehungen zwifchen den Perzep=
tionen ohne Rückficht auf deren inhaltliche Befchaffenheit dar=
ftellen, darum hat nach Hume die Mathematik auch ihre for=
male Evidenz. Sie beruht in letzter Linie auf dem Charakter
der formalen Logik und damit dem analytifchen Charakter
des Widerfpruchsgefetzes. Es ift intereffant, zu bemerken, von
wie grundverfchiedenen Vorausfetzungen aus der empirifche
Philofoph Hume und der Rationalift Wolff bei gleicher An=
erkennung der mathematifchen Evidenz zum gleichen Ver=
kennen des methodifchen Charakters der Mathematik felbft
kommen.

　　In Humes Erkenntnislehre ift die Subftanzkritik ein ebenfo
bedeutfamer Faktor, wie die Kritik des Kaufalbegriffs. Sub=
ftanz und Kaufalität find in rein pfychologifche Gefetze auf=
gelöft, nach denen die Perzeptionen fich miteinander ver=

binden. Eigentlich unterscheidet Hume drei solcher Perzep-
tionsverbindungen, die sogenannten Assoziationsgesetze:
1. das Gesetz der Ähnlichkeit (Resemblance), 2. das der raum-
zeitlichen Berührung (Contiguity) und 3. das der Verursa-
chung (Causation). Nach dem ersten wird eine Perzeption
mit einer ihr ähnlichen (oder gerade auch mit ihr kontrastie-
renden) anderen verbunden (z. B. Abbild und Original; ge-
lungenes und mißlungenes Abbild). Nach dem Gesetze der
Kontiguität pflegt sich eine Perzeption mit einer in räum-
licher und zeitlicher Nachbarschaft stehenden anderen zu assoziieren und zu reproduzieren (z. B. Bild und Museum). Auf
diesem Gesetze beruht also die Substanzvorstellung. Nach dem
Gesetze der Kausation pflegen sich Vorstellungen nach dem
Verhältnis von Ursache und Wirkung zu assoziieren und reproduzieren (z. B. Bild und Maler). Obwohl unter systematischem Gesichtspunkte Substanzkritik und Kausalkritik gleich
wichtig sind, so hat die letzte doch in der Geschichte ein inten-
siveres Interesse als jene auf sich gezogen, teils weil gerade
durch sie später Kant „aus seinem dogmatischen Schlummer
geweckt" wurde, teils wegen ihrer eigenen inneren Schwierigkeiten, die in der Tat die interessantesten Perspektiven er-
öffnen.

Die Kausalbetrachtung soll ein bloßes Assoziationsgesetz
sein, als ob sie nicht schon vorausgesetzt würde, um dieses
assoziative Gesetz der Kausation als solches bestimmen zu
können. Die Kausalitätsbetrachtung soll aus Gewohnheit erklärt werden, als ob diese Erklärung aus Gewohnheit nicht
schon eine Kausalerklärung wäre, also die Kausalität nicht
schon voraussetzte.

Auf den ersten Blick liegen diese Schwierigkeiten vor, und
besonders pflegt man auf die zweite hinzuweisen. Näher be-
sehen enthüllen sich diese Schwierigkeiten aber schon als so
simple Widersprüche und einfältige petitiones principii, daß

man sie einem Denker von dem Range eines Hume, dem
Grade der Schärfe seines Denkens in dieser simplen Form
nicht zutrauen darf. In der Tat gibt uns sein Denken auch den
Schlüssel zur Auflösung der Schwierigkeiten. Wir müssen
unterscheiden zwischen der Kausalität als allgemeinem Ge=
setze und der Kausalität als bestimmter Ursache. Eine solche
führt zur Annahme einer geheimnisvollen Macht (secret
power), die einen einzelnen Effekt (single effect) hervorbringt.
Eine solche geheimnisvolle Macht gibt es nicht; und so ist die
Ablehnung der geheimnisvollen Macht zugleich noch einmal
eine letzte energische Ablehnung des mystischen Kraftbegriffs,
wie er in der mittelalterlichen qualitas occulta vorlag. Wenn
nun die Kausalitätsbetrachtung aus Gewohnheit erklärt wer=
den soll, so soll damit aber nicht eigentlich die allgemeine Kau=
salität selbst, sondern gerade bloß die Kausalitätsvorstel=
lung kausal erklärt werden. Die Kausalität ist für alle empi=
rische Erklärung als Erklärungsprinzip vorausgesetzt und
darum gerade einer empirischen Erklärung nicht fähig. Eine
solche wäre — das sieht Hume mit voller Deutlichkeit — eine
petitio principii. (To say it is experimental, is begging the
question.) Gerade aber, weil uns dieses Prinzip nicht empi=
risch gegeben und es doch für die theoretische Glaubensgewiß=
heit notwendig ist, beginnt für Hume die Erfahrung selbst
zum Problem zu werden. (Why this experience should be
extended to future times, and to other objects, which for
aught we know, may be only in appearance similar, this is
the main question on which I would insist.) Auf das „Zu=
künftige" kommt es hier an, um in diesen Worten Humes das
neue Moment für das Erfahrungsproblem zu erkennen. Denn
sonst bestünde alle Erfahrung in der bloßen Beschreibung
dessen, was einmal war, in einer bloßen Sammlung von Tat=
sachen aus der Vergangenheit. Man braucht nur an die natur=
wissenschaftliche Erfahrung zu denken, um die Bedeutung des

Hinweises auch auf die Zukunft für das Problem der Erfah=
rung zu verstehen. Darin liegt aber, daß wir, um erfahren zu
können, Voraussetzungen machen zu müssen, die selbst schlecht=
hin unerfahrbar sind, die aber, und das sieht in sehr bemer=
kenswerter Weise Hume ebenfalls bereits für die Erfahrungs=
erkenntnis, nicht einfach im Widerspruchsgesetze liegen. Das
ist der tiefe Sinn, der sich genauerer Überlegung in jenen
scheinbaren simplen Widersprüchen enthüllt. Indem aber
Hume zu dieser Einsicht vorzudringen vermag, mag sie in
noch so unvollkommener Form auftreten, erhebt er sich mit
einem Schlage so hoch über den ganzen empiristischen Stand=
punkt und alle seine Schattierungen, auch die modernsten
unserer Tage, daß er auf Grund seiner konsequent durchge=
führten empirischen Methode den empiristischen Standpunkt
selbst mit der Gewalt seines Denkens aus den Angeln hebt.

In gewissem Sinne gilt dies auch von Humes praktischer
Philosophie. Hier zeigt es sich weiter, wie sehr es ihm mit sei=
nem „Glauben" an die Geltung der Kausalität Ernst ist. Denn
er begreift auf der einen Seite mit voller Schärfe, daß die sitt=
liche Beurteilung der Kausalbetrachtung nicht entraten kann.
Und so wenig wir im einzelnen auch hier geheimnisvolle Kräfte
entdecken können, so sehr gilt ihm doch unser Handeln als Gan=
zes für durchaus kausal bestimmt, so daß er zu einem konsequen=
ten Determinismus gelangt. Auf der anderen Seite sieht Hume
ebenso scharf, daß, weil all unser Handeln in gleicher Weise
kausal bestimmt ist, die Besonderheit des sittlichen Handelns
einer besonderen Wertbestimmung bedarf, die es in seiner be=
sonderen kausalen Bestimmtheit aus der Mannigfaltigkeit des
kausal bestimmten Handelns überhaupt begrifflich herauszu=
heben ermöglicht. Für diese Bestimmung aber ist entscheidend
die Überlegung, daß das Handeln nicht für das handelnde In=
dividuum als solches allein von Wert sein darf, sondern einen
allgemeinen Wert haben muß. Diesen hat es aber nur dann,

wenn es der menschlichen Allgemeinheit dient. Das aber tut
es, wenn es der Sympathie für andere entspringt. Also ist die
Sympathie die eigentliche Triebfeder des sittlichen Handelns.
Mag für Hume die Ethik auch immerhin noch psychologisch begründet erscheinen, so kündigt sich doch auch hier
schon die Unterscheidung der Wertfrage von der Entstehungs-
frage an, so sehr der Nachdruck noch auf dieser letzten liegt. Die
stark psychologische Betonung bot für die Religionsphilosophie Humes einen entscheidenden Vorteil. Indem er mit dem
genialen Blicke des großen Historikers das religiöse Leben be-
trachtete, suchte er dessen einzelne Stufen in ihrer psycho-
logisch-geschichtlichen Notwendigkeit zu begreifen. Und obwohl er so mehr der religionspsychologischen, als der eigentlich religionsphilosophischen Betrachtung zuneigte, ebnete er
doch einer verständnisvolleren Würdigung des religiösen Lebens die Wege für die Zukunft. Sein eigenes Verständnis er-
möglichte es ihm so, sein sittliches Prinzip der Sympathie
auf das religiöse Leben als Prinzip duldsamer Verständigung
und verständnisvoller Duldsamkeit zu erweitern.

§ 18. Die empiristische Ethik.

Das sittliche Problem erscheint in der bisher besprochenen,
vorwiegend theoretisch gerichteten Tendenz der Erfahrungs-
philosophie zwar nirgends übergangen, aber doch durchaus
dem theoretischen Interesse untergeordnet oder höchstens als
eine Nebenströmung des allgemeinen philosophischen Interesses. Indes läuft dieser vorwiegend theoretisch gerichteten
Tendenz eine ebenso vorwiegend, ja ausschließlich praktisch-
ethische Tendenz parallel. Zwar kann diese sich der Erkennt-
lehre weder an systematischer Bedeutung, noch auch an historischer Wirksamkeit und bleibendem Einfluß vergleichen;
immerhin sind doch für die Bearbeitung des ethischen Problems
interessante und bedeutsame Impulse von ihr ausgegangen.

Als den bedeutendsten Repräsentanten dieser empirisch gerichteten Ethik darf man Anthony Ashley Grafen von Shaftesbury (1671—1713) ansehen. Er war ein Enkel jenes Grafen Shaftesbury, den wir als Freund und politischen Gönner Lockes kennen gelernt haben, und er selbst hatte von Locke persönlich einen guten Teil seiner philosophischen Bildung empfangen, die er zugleich an der klassischen Antike zu bereichern suchte.

An der Hand der Erfahrung sucht Shaftesbury sein sittliches Ideal zu gewinnen. Darum sieht er sich an die Psychologie verwiesen. Wollen und Handeln sind psychologische Phänomene, für die und an denen er die Richtschnur des sittlichen Lebens darum auf psychologischem Wege erkennen zu sollen glaubt. Der Gegenstand unseres wertvollen Wollens und Handelns ist das Gute. Um es darstellen zu können, müssen wir an ihm eine Lust und ein Gefallen empfinden. Wir können ja nur etwas tun, wenn wir in irgendeiner Weise auch Lust haben, es zu tun, so daß wir durch unser Tun unser Lust- und Glücksgefühl irgendwie bereichern. Weil wir aber an dem Gegenstande unseres wertvollen Wollens und Handelns zugleich ein billigendes Wohlgefallen haben müssen, ohne das er eben nicht jener Gegenstand sein könnte, so muß sich mit unserem Glücksgefühl auch ein Schönheitsgefühl verknüpfen. Und so wird für Shaftesbury die Ethik zugleich ästhetisch bestimmt, sein Standpunkt zu einem ästhetischen Eudämonismus.

Diese abstrakte Bestimmung wird aber durch eine weitere Überlegung sogleich noch genauer präzisiert und gleichsam ins Konkrete gewendet: Das einzelne Individuum ist von Natur mit der Gemeinschaft verwachsen und instinktiv durch Gemeinschaftsgefühle an sie verwiesen. Der einzelne kann auch das Gute nur am andern, am Nächsten betätigen. Da also das Gute gerade dem andern — eben zugute kommen und auch

den einzelnen als ein Gegenstand eigenen Glückes und eige=
nen Wohlgefallens bereichern soll, so wird durch das sittliche
Handeln eine Übereinstimmung zwischen den einzelnen Glie=
dern der Gemeinschaft gestiftet, indem jeder zugleich für sich
tut, was er für andere tut. Je mehr er alle seine Kräfte ent=
faltet, um der Gemeinschaft zu dienen, desto mehr erhöht und
bereichert er sich immer zugleich selbst.

Darum ist es Aufgabe des einzelnen, alle seine Anlagen
und Kräfte zur Entfaltung zu bringen, und indem er sich da=
durch in Übereinstimmung mit der Gemeinschaft bringt, er=
zeugt er in seinem eigenen Inneren die schöne Harmonie der
Seele, die ja nur so lange nicht erreicht und gefährdet ist, als
sein Wollen mit dem Wollen der anderen in Dissonanz ver=
bleibt. Sind die Dissonanzen beseitigt, ist das Glück der ande=
ren auch sein eigenes Glück und sein Glück auch das der an=
deren, auf die allein er ja moralisch wirken kann, dann ist
seine Seele in Übereinstimmung mit sich selbst, einheitlich
und harmonisch in dem Mannigfaltigen ihrer Anlagen und
Kräfte. In dieser schönen Einheit der Seele hat sein sitt=
liches Ideal seine bestimmte Gestalt gewonnen, die einer=
seits zurückweist auf Shaftesburys Vorliebe für das Alter=
tum, insbesondere das „sibi concors" der Stoiker, und die
andererseits in Schillers Ideal der „schönen Seele" ihre be=
deutsame Wirkung auf unsere deutsche Literatur gewinnen
sollte.

Unter dem stärksten Einflusse Shaftesburys sucht Hut=
cheson (1694—1747) die Moral auf einem ursprünglichen
sittlichen Instinkte zu gründen, der auf die Harmonisierung
der egoistischen und altruistischen Triebe gerichtet ist und dessen
Ziel „das größte Glück der größten Zahl" ist. Diese Formu=
lierung („the greatest happiness for the greatest number")
ist später durch Bentham berühmt geworden. Ihr Urheber
aber ist Hutcheson.

Der Harmoniegedanke Shaftesburys und Hutchesons stieß aber bald auf eine energische Opposition bei Butler (1692 bis 1752). Zwar meinte auch er, an einem empirischen Ausgangspunkte seine Untersuchung ansetzen zu müssen. Den bezeichnete für ihn die unmittelbare empirische Tatsache des sittlichen Bewußtseins, die Hutcheson in einem sittlichen Instinkte, die Butler im Gewissen für gegeben ansah. Allein die weiter von ihm als empirische Tatsache angesehene ungleiche Verteilung der Lebensschicksale der einzelnen und deren tatsächliche Willens- und Interessengegensätze widersprechen für ihn aufs strikteste aller Harmonie. Da er aber auf eine ausgleichende Gerechtigkeit nicht verzichten, sie von der Moral allein aber nicht geleistet werden kann, verweist er den Menschen an die Religion.

In ihr sucht auch Paley (1743—1805), im Anschluß an Butler, die Moral letzten Endes zu verankern. Es ist in letzter Linie der gerechte, lohnende und strafende, empirisch geoffenbarte Wille Gottes, nach dem das sittliche Handeln zu regeln ist.

In durchaus originaler Weise stellt sich mit empirischen Argumenten Bernhard de Mandeville (1670—1733) dem Harmoniegedanken entgegen. Mandeville, von Abstammung ein Franzose, von Geburt ein Holländer, in seiner sozialen Stellung und Lebensweise ein Engländer — er lebte als Arzt in London —, sieht in der Harmonisierung eine Verkümmerung der egoistischen Triebe. Auf sie aber — das ist der Sinn seiner berühmten Bienenfabel — geht im tatsächlichen Leben unendlich viel Gutes und Großes zurück. Die Gemächlichkeit und Zufriedenheit führt zur Tatenlosigkeit, die Unzufriedenheit, die die selbstischen Triebe aufstachelt, treibt erst die Leistungen der Menschen hervor, und gerade viele der besten Leistungen des Kulturlebens fließen aus dem Egoismus, da in ihnen die selbstischen Triebe sich zu befrie-

digen streben. Mandevilles Bedeutung liegt darin, daß ihm
das Verhältnis von Sittlichkeit und Kultur somit zum Pro=
blem wird. Und so wenig seine Lösung auch befriedigen kann,
so deutlich hat er doch die Unhaltbarkeit aller Glückseligkeits=
moral aufgedeckt.

Es ist ein Verdienst Benthams (1748—1832), die Glück=
seligkeitsmoral ebenfalls konsequent zu Ende gedacht und da=
mit, freilich ungewollt, ad absurdum geführt zu haben. Ben=
tham ist zwar ein Spätling der empirischen Moral, und kein
Geringerer als Goethe redet von ihm als von einem „radikalen
Narren" oder nennt ihn kurzweg den „Narren Bentham".
Aber er verdient hier wohl doch trotz seines moralisch=empi=
rischen Epigonentums eine Erwähnung und trotz Goethes
Zurückweisung des Benthamschen „Radikalismus". Denn
dieser Radikalismus ist doch insofern interessant, als sich in
ihm die empirische Glückseligkeitsmoral selbst aufhebt. Ben=
tham zeigt in der Tat am eigenen Beispiel, daß, wenn das
„größte Glück der größten Zahl" das sittliche Ziel ist, es auch
„höchst unnütz ist, überhaupt noch von Pflicht zu reden", daß
alles Gute immer nur in einer geschickten Berechnung des
glücklichen Erfolges, und daß alles Böse nur immer in einem
„Rechenfehler" besteht. Die Glückseligkeitsmoral wird so zu
einer außerethischen Ethik, zu einer contradictio in adjecto.
Das gezeigt zu haben, ist in der Tat ein, wenn auch un=
freiwilliges Verdienst Benthams, das wir anerkennen
müssen, auch wenn wir zugeben müssen, daß seine ganze
ethische Rechentheorie aus dem einfachen Grunde unhaltbar
ist, weil Glück, Lust und Unlust eben keine berechenbaren
Größen sind.

Fünftes Kapitel.

Die an die exakte Forschung anknüpfende Natur= philosophie.

In der rational, wie in der empirisch gerichteten Philo= sophie macht sich eine bald mehr, bald minder stark in die Er= scheinung tretende Tendenz der Beziehungnahme auf die exakte Forschung bemerkbar. Die erste bemüht sich in gewisser Weise um die Ermittelung der logischen Grundlagen der exakten Forschung, und ihr Zusammenhang mit dieser komme schon rein äußerlich dadurch zum Ausdruck, daß ihre Haupt= vertreter, wie Galilei, Descartes, Leibniz, einen ebenso be= deutsamen Platz in der Geschichte der positiven Wissenschaft wie in der der Philosophie einnehmen. Die zweite knüpf, an die Methode einer naturwissenschaftlichen Einzeldisziplin der Psychologie, an und schlägt selbst die psychologische Me= thode ein.

Beide methodische Tendenzen finden eine gewisse Syn= these endlich in einer neuen naturphilosophischen Tendenz. Von der ersten spekulativ=dogmatischen Epoche unterscheidet diese sich durchweg dadurch, daß sie nicht bloß eine gefühlvolle Versenkung in die Natur als wesenhafte Wirklichkeit dar= stellt, sondern vielmehr auf der Wissenschaft von der Natur aufzubauen sucht. In diesem Bestreben waltet freilich noch keineswegs eine vollkommene Einheit und Ausgeglichenheit. In der Art, wie sie an die exakte Forschung anknüpft, besteht vielmehr ein erheblicher Unterschied, je nachdem nämlich die einzelnen Denker an der naturwissenschaftlichen Forschung selbst tätig beteiligt sind oder nur deren Resultate aufraffen und zu ihren Philosophemen verarbeiten: Je bedeutsamer ihre eigenen Leistungen auf dem Gebiete der exakten For= schung sind, um so zurückhaltender sind sie in ihren philoso=

phiſchen Folgerungen, um ſo reiner, edler und keuſcher iſt ihre
Metaphyſik. Je mehr ſie nur die Reſultate der Forſchung auf=
raffen, um ſo übereilter ſind ihre philoſophiſchen Schlüſſe,
um ſo leichtfertiger bauen ſie ihr metaphyſiſches Syſtem, um
zeitweilig ſogar die Grenze der Frivolität zu überſchreiten.
Auf der einen Seite begegnet uns das rein theoretiſche
Beſtreben, die Wiſſenſchaft auf einen metaphyſiſchen Ab=
ſchluß zu führen, auf der anderen Seite macht ſich ein auf=
kläreriſcher Naturalismus breit. Dieſer ſelbſt hat wieder eine
zweifache Tendenz. Er iſt einerſeits vorwiegend theoretiſch
mit einer praktiſch aufkläreriſchen Zuſpitzung und ſtellt ſich
ſo als der theoretiſche Materialismus der vorwiegend fran=
zöſiſchen Aufklärung dar. Er iſt andererſeits der vorwiegend
praktiſche, auf die Lebensführung gerichtete Naturalismus
des Aufklärungszeitalters.

§ 19. Die theoretiſche Naturphiloſophie.

Das Programm der theoretiſchen Naturphiloſophie hat
bereits Robert Boyle (1626—1691), der ebenſo groß als
exakter Forſcher, wie edel als Menſch iſt, entworfen. Auf der
einen Seite tritt er mit aller Energie für die atomiſtiſch=me=
chaniſche Naturauffaſſung ein. Auf der anderen Seite bleibt
ſich aber ſein durchaus exakt gerichteter Geiſt vollkommen klar
bewußt, daß die atomiſtiſche Mechanik keineswegs zum philo=
ſophiſchen Abſchluß und zur philoſophiſchen Konſequenz die
materialiſtiſche Weltanſchauung habe. Dieſe gilt ihm nun
nicht bloß als ein übereilter unwiſſenſchaftlicher Dilettantis=
mus, ſondern auch als durchaus ſittlich verwerflich. Und aus
einem ſtark entwickelten religiöſen Bedürfnis heraus betont
er das vollkommene Zuſammenſtimmen zwiſchen den Er=
gebniſſen wahrer Wiſſenſchaft und den Grundlehren der Mo=
ral und Religion. Boyle ſelbſt zwar erkennt in einer dem
exakten Denken würdigen Weiſe mit voller Klarheit dieſe

Möglichkeit des Zusammenstimmens der Wissenschaft mit der Sittlichkeit und Religion, und er setzt seine ganze edle Persönlichkeit so sehr für seine Anschauung auch praktisch ein, daß er eine Art volkstümlicher Akademie im kleinen begründet, deren vornehmste Aufgabe es sein sollte, zu zeigen, daß zwischen jenen geistigen Mächten nicht nur kein Widerspruch besteht, daß sie sich vielmehr gegenseitig tief innerlich durchdringen. Allein er selbst gab doch mehr nur das Programm als die begriffliche Ausführung dieser Anschauung.

Die Ausführung übernahm in einer großartigen und originalen Weise Isaac Newton (1642—1727). Liegt das Schwergewicht seiner überragenden Leistung auch auf physikalisch-astronomischem Gebiete, so ist sie doch auch für die Philosophie von weittragender Bedeutung in logisch-methodischer Hinsicht, und er nimmt in deren Geschichte eine derjenigen Galileis analoge Stellung ein. Wie Galilei die analytische Methode begründet und in ihrer logischen Struktur darlegt, so erhärtet Newton sie für das ganze Gebiet der klassischen Mechanik. Seine Analysis legt in vollkommener Klarheit den empirischen einerseits und den rationalen Faktor andererseits bloß. Wie für Galilei, so bildet auch für Newton die Erfahrung den Ausgangspunkt der „philosophia experimentalis". Allein da die wahre Forschung mehr ist, als eine bloße Tatsachensammlung, da sie vielmehr die Erklärung der Tatsachen anstrebt, so ist die Analysis auf die Grundlagen der Erklärung der Erscheinungen gerichtet. Solcher Grundlagen aber hat die Forschung „nicht mehr zuzulassen, als wahr sind und zur Erklärung jener Erscheinungen ausreichen". Die Erklärungsgrundlagen dürfen also einerseits nicht über die Erklärungsnotwendigkeit hinaus vermehrt werden, und sie müssen andererseits sich an den tatsächlichen Erscheinungen bewahrheiten. Die tatsächliche Erfahrung wird mit ihren mannigfaltigen Gebilden zerlegt in ihre einfachen logischen Grundlagen, um aus diesen selbst begriffen zu werden. Und nur insoweit diese die deduktive Begreiflichkeit ermöglichen und sich am Tatsächlichen selbst bewahrheiten, kommen sie als wahre Grundlagen der Forschung in Betracht. Das will der vielbesprochene Satz Newtons: „Hypotheses non fingo" be= sagen. Hypothesen als Grundlegungen der Forschung werden ausdrücklich gefordert und gesucht. Sie dürfen aber keine bloß fiktiven sein, sondern haben sich am Tatsächlichen dadurch zu bewahrheiten, daß sie seine Erklärung ermöglichen. Das in= duktiv gewonnene Allgemeine muß deduktiv immer am Tat= sächlichen bewahrheitbar sein. Diese Beziehung der Induk= tion auf die Deduktion schützt eben die Induktion vor bloßen Fiktionen. Die Induktion ist also selbst nicht möglich ohne Voraussetzung allgemeiner Grundlagen.

Solche Grundlagen sind die drei allgemeinen Gesetze der Bewegung, wie sie zum Teil — die beiden ersten sogar mit voller Klarheit — schon von Galilei und Descartes erkannt und von Newton selbst mit einer Schärfe und Präzision for= muliert worden sind, daß sie heute allgemein unter dem Na= men der Newtonschen Grundsätze der Mechanik geläufig sind, nämlich: „das Prinzip der Trägheit", das sogen. „Unab= hängigkeitsprinzip" (das die Proportionalität der Bewegungs= änderung mit der einwirkenden Kraft in deren Wirkungs= richtung aussagt) und das Gesetz der „Gleichheit von Wirkung und Gegenwirkung". Von der größten Bedeutung indes war die Erweiterung, die er mit Galileis Begriff der Erdbeschleu= nigung, wie er in der Bestimmung der Fallgesetze verwendet war, vollzog. Dadurch gelangte er einerseits zu einem exakten Massenbegriff, wie zu einem solchen der Massenanziehung. Vom sogen. Flächensatz und vom zweiten und dritten Kepler= schen Gesetze aus erkannte er zunächst die Gültigkeit des Ge= setzes der Massenanziehung für die Körper des Planeten= systems, und von ihm aus ging er weiter und erkannte die An=

ziehung als eine allgemeine Funktion der Masse. Das Gesetz der allgemeinen Massenanziehung oder der Gravitation be= sagt, daß die Massenanziehung G direkt proportional ist dem Produkte der Massen und umgekehrt proportional dem Qua= drate ihrer Entfernungen: $G = f \cdot \dfrac{M_1 M_2}{r^2}$, wo f die durch Beobachtung zu ermittelnde Gravitationskonstante bedeutet. Mit der Massenattraktion will Newton aber keine neue „ge= heime Qualität" einführen. Er will nur die Phänomene „kraft der Schwere" (per vim gravitatis), aber nicht die „Ursache der Schwere" (causam gravitatis) erklären. Gerade hier weist er die „hypotheses qualitatum occultarum" energisch ab. Das Gravitationsgesetz ist ihm vielmehr in erster Linie die für alles tatsächliche Geschehen grundlegende Hypothese. Durch sie erhält die Welt ihren inneren Zusammenhang, und alle besonderen Erscheinungen des Weltgeschehens sind durch sie gestaltet und bestimmt. Die Mechanik ist auf sich selbst ge= stellt; in ihr aber verbinden sich die logischen Bestimmungen des mathematischen Denkens mit der Erfahrung.

In der mechanischen Naturerklärung als solcher hat darum für Newton die Zweckbetrachtung keinen Raum. Alle Natur= erklärung ist in jedem Einzelnen streng mechanisch. Indes um so zweckvoller erscheint Newton darum gerade der Weltmecha= nismus als Ganzes. Es ist die zweckvolle Harmonie dieses großen Weltmechanismus, die gerade wegen ihrer strengen mechanischen Regelung keines extramechanischen, zweck= mäßigen Eingreifens in allen ihren Geschehnissen bis in die einzelnsten Einzelheiten mehr bedarf, was auf ihren Ursprung aus einer höchsten Intelligenz und höchster Macht hinweist. So ist der strenge Mechanismus der Welt der beste Beweis für das Dasein Gottes. Gerade weil die Welt so streng me= chanisch und gesetzmäßig bedingt ist, daß sie für ihr mechani= sches Getriebe keiner Eingriffe bedarf, gerade darum weist sie auf einen allweisen und allmächtigen Urheber hin, auf Gott. Das ist der Grundgedanke des sogen. physikotheologischen Gottesbeweises von Newton.

Gott aber kann sich darum zur Welt nicht bloß verhalten, wie die Seele zum Leibe. Er kann die Welt nicht als eine Art von bloßer Weltseele leiten, vielmehr muß er sie als eigentlicher Herrscher und allmächtiger, selbstbewußter, allweiser Lenker regieren. (Omnia regit, non ut anima mundi, sed universorum dominus.) Der unendliche Weltraum, den Newton noch als absolut setzt, ist das Sensorium dei. Das heißt: in ihm ist Gott allgegenwärtig; und seine Allgegenwart ist nicht nur eine virtuelle, sondern eine real substantielle (Omnipraesentia est non per virtutem solam, sed per substantiam). Freilich, so exakt der Physiker Newton ist und so sehr er als solcher die „verborgenen Qualitäten" bekämpft, dem Metaphysiker Newton schleicht sich heimlich doch eine solche geheime Qualität in sein System ein. Es kommt ihm nicht nur darauf an, zu erkennen, daß es „die Herrschaft eines geistigen Wesens ist, was Gott ausmacht" (dominatio entis spiritualis Deum constituit). Weil der Mathematiker Newton den mathematischen Raum nicht rein mathematisch faßt, wurde der Raum dem Metaphysiker zum absoluten. Darum führt er mit der selbst metaphysisch gefaßten Allgegenwart Gottes noch einen „feinsten die materiellen Dinge durchdringenden Geist" (spiritus subtilissimus corpora crassa pervadens) als geheime Qualität ein. Er ist es in letzter Linie, der das Geschehen regelt.

So sehr der Physiker Newton die Frage nach der „Ursache der Schwere" ablehnt, dem Metaphysiker hat sie sich doch aufgedrungen, und zwar darum, weil in der Raumtheorie der Mathematiker dem Metaphysiker gegenüber zu kurz kam. Das freilich nimmt Newtons Versuch, strenge Mechanik und Teleologie miteinander zu versöhnen, nichts an seiner originalen Größe, in der er für die Geschichte des Denkens seine Bedeutung erhalten und seine tiefe Wirkung geübt hat.

Es war der Gottesgedanke, durch den, ähnlich wie bei Descartes, weiterhin wieder die rationalen Grundbegriffe für verbürgt angesehen wurden. So begriff Thomas Reid (1710—1796), daß die Begriffe der Kausalität und der Substantialität immer schon für das empirische Wissen tatsächlich vorausgesetzt würden. Darum bekämpfte er deren Kritik durch die empirisch gerichtete Philosophie. Daß diese Kritik aber fundamentale Probleme gerade in diesen Begriffen aufgedeckt und als Probleme bezeichnet hatte, verkannte Reid. Er sah in ihnen vielmehr unmittelbar gewisse Begriffe des gemeinen Menschenverstandes (common sense). So recht er hatte, daß diese Begriffe für alles Erfahrungswissen tatsächlich vorausgesetzt würden, so sehr ging er an der gerade durch die Kritik der empirischen Philosophie wenigstens angeregten Frage nach der Rechtmäßigkeit ebendieser tatsächlichen Voraussetzung vorüber. Substantialität und Kausalität waren ihm trotz Lockes Kritik der angeborenen Ideen, ursprüngliche aus göttlicher Eingebung stammende Bestandstücke der Seele. Die kritische Frage blieb für ihn im Psychologischen, so sehr gerade die empirische Philosophie der Engländer von ihrer psychologischen Voraussetzung her und in ihrem psychologischen Verfahren den psychologischen Dogmatismus aufgehoben hatte. Und wie für die Naturphilosophie Substanz und Kausalität, so waren auch für die Moralphilosophie Reids die sittlichen Instinkte unmittelbar von Gott stammende Eingebungen.

Interessanter als die Common=Sense=Lehre, wie sie außer von Reid etwa noch von James Beattie (1735—1803), freilich ohne nennenswerte eigene Gedanken, vertreten wird — es sei denn, daß man den Anspruch auf unmittelbare Beurteilungen für die Ästhetik besonders hoch veranschlagt —, sind die Versuche der Anknüpfung an die Physiktheologie bei einigen französischen Denkern. Die Synthese der rationa= len und der empirischen Bestimmung kommt hier besonders bei dem großen Mathematiker Jean d'Alembert (1717 bis 1738) deutlich zum Ausdruck. Er weiß, so sehr der Schwer= punkt seiner eigenen Leistung auf dem Gebiete der Mathe= matik liegt, doch auch der Empirie gerecht zu werden; und hier bezieht er sich gerade auf Locke.

In naturphilosophischer Hinsicht steht er durchaus auf dem Boden der Mechanik, die selbst mathematisch basiert ist. Mit Newton sieht er in der Zweckbestimmtheit des Mechanismus, insbesondere derjenigen der Organismen, den Hinweis auf eine höchste zweckvoll wirkende Intelligenz. Indes in einem Punkte ist er zurückhaltender als Newton. Einen feinsten Geist, der die materiellen Dinge durchdringe, wie ihn Newton for= derte, kennt er nicht. Er behauptet ihn weder, noch leugnet er ihn. Er läßt die Frage nach der Beziehung zwischen Gott und den materiellen Dingen um so mehr offen, als die Sinne uns keine adäquate Kenntnis der materiellen Dinge geben — gerade hier lehnt er sich an Locke an — und diese sich auch nicht restlos mathematisch begreifen lassen.

In Frankreich wurde Newtons Naturlehre durch die Män= ner, die, wie auch d'Alembert, an der Enzyklopädie mitarbei= teten, popularisiert, damit sie auf weitere Kreise und beson= ders gegen die orthodoxe Kirchenlehre wirken sollte. In dieser Richtung hat besonders Voltaire (1694—1778) gewirkt, der wie d'Alembert, an der Enzyklopädie, dem großzügigen Un= ternehmen einer Art von Allgemeinbildungslexikon, mit= arbeitete. Ohne eigentliche schöpferische Kraft, war Voltaire doch für seine Zeit, wie Goethe sagt, eine „allgemeine Quelle des Lichts", ein Talent, von dem der größte deutsche Dichter bemerkt: „Die Franzosen werden..... nie ein Talent wieder sehen, das dem von Voltaire gewachsen wäre." Seine unge=

heure Wirksamkeit für seine Zeit lag in erster Linie in seinem Kampfe gegen pfäffische Willkür und Aberglauben. Diese Bedeutung ist, auch nach Goethes Auffassung, gar nicht hoch genug zu veranschlagen. Er fußte in seiner theoretischen Grundanschauung auf Newton, dessen Naturphilosophie er äußerst glücklich und geschickt für die weitesten Kreise populär darstellte. Mit Newton schließt er von dem zweckvollen Mechanismus der Welt auf Gott, streicht aber im Hinblick auf die immerhin nicht zu leugnenden Übel der Welt unter den Attributen Gottes das der Allmacht, das mit Gottes Güte infolge eben der Übel der Welt nicht zu vereinen wäre. Mit d'Alembert verhält er sich aber unentschieden zu dem Verhältnis von Gott und den materiellen Dingen. Dazu, wie zum Seelenproblem nimmt er eine entschieden skeptische Haltung ein. Weil er Newtons Physikotheologie anerkennt, fordert er eine natürliche Vernunftreligion. Auf Grund seiner Skepsis aber verwirft er alle Offenbarungsreligion. In deren Bekämpfung entfaltet er allen seinen Geistesreichtum. Er verfolgt sie mit logischer Zersetzung, mit Witz, Hohn, Spott, Satire. Dieser Radikalismus war es vor allem, was Voltaire die ungeheure Wirkung auf seine Zeit gab. Mit diesem Radikalismus seiner Naturreligion steht er schon auf der Grenzscheide zwischen der Naturphilosophie, sofern sie aus theoretischem Interesse in der Metaphysik eine philosophische Basis für ihre Naturauffassung sucht, und dem eigentlichen Naturalismus.

§ 20. Der Naturalismus.

Es ist rücksichtlich der begrifflichen Problemlage von Voltaire zum Naturalismus nur ein Schritt. Am Naturalismus selbst haben wir eine mehr theoretische und eine mehr praktische Seite zu unterscheiden.

I. Der theoretische Naturalismus. Innerhalb der Naturphilosophie waltet eine ziemlich offenkundige Kontinuität, so groß auch an und für sich der Gegensatz zwischen den großen Forschern Boyle, Newton, d'Alembert auf der einen Seite und den materialistischen Naturalisten auf der anderen Seite sein mag. In Voltaire lernten wir jenes vermittelnde Glied der Kontinuität kennen, das in der begrifflichen Verbindung von theoretischer Naturphilosophie und Naturalismus als der begrifflich extremste Ausläufer der ersten gelten kann. Von der naturalistischen Seite her stellt die Berührung der Extreme Diderot dar. Diderot (1713—1784), eine entschieden geniale und vielseitige, aber auch widerspruchsvolle Persönlichkeit, geht ursprünglich ebenfalls von Newtons Physikotheologie aus. Aber er gibt den teleologischen Gedanken bald auf, um die Natur in ihrem reinen Mechanismus ganz auf sich selbst zu stellen. Eine Gottheit über der Natur gibt es für ihn nicht. Wenn es eine Gottheit gibt, dann ist diese die Natur selbst, die allein alles nach eigenen, immanenten mechanischen Gesetzen regelt. Jedenfalls ist der Gott der Offenbarung nichts als eine theologische Erfindung. So bestimmt sich seine Naturphilosophie näher als ein pantheistischer Naturalismus, oder, da er kein sonderliches Gewicht darauf legt, der Natur den Namen der Gottheit zu geben, schlechtweg als Naturalismus. Den Materialismus lehnt er aber noch entschieden ab; und zwar auf Grund des Bewußtseinsproblems. Aus der Materie allein kann das Bewußtsein nicht erklärt werden. Darum muß es ursprünglich in der Natur als Ganzem liegen. Deshalb aber können die Atome, die Grundlagen der Materie, schon nicht rein materiell sein. Die Empfindung als niederste Stufe des Bewußtseins muß bereits ihnen eignen; und in der Natur als Gesamtheit findet eine kontinuierliche Steigerung und Entwickelung des bewußten Lebens statt.

Dem Gedanken der organischen Materie kam auch die exakte Forschung der Zeit in gewisser Weise entgegen. Der große Naturforscher Buffon (1708—1788) erklärt die Natur als ein einheitliches organisches Ganzes und sucht das Leben auf „organischen Molekülen" zu begründen. Gerade dieser Gedanke wurde bestimmend für die ersten Anfänge des bio= logischen Entwickelungsbegriffs. Dieser Gedanke war es in letzter Linie, der Lamarck veranlaßte, das Dogma von der Unveränderlichkeit der Arten aufzugeben und deren Umbil= dungsfähigkeit anzunehmen; wenn er auch freilich die Um= wandlung der Organismenwelt durch den bloßen vom Wech= sel der Lebensverhältnisse bedingten Gebrauch bzw. Nicht= gebrauch der Organe begreifen zu können meinte und sich im Grunde genommen über diese Möglichkeit ebensowenig klar war, wie Erasmus Darwin, der Großvater jenes For= schers, der in Wirklichkeit die Grundlagen der Deszendenz= lehre schaffen sollte. Immerhin wurde diese in dem Naturalis= mus der Aufklärung keimhaft vorbereitet.

Hatte bei Diderot die Natur auch einer über ihr stehenden Gottheit nicht mehr bedurft, so galt sie ihm doch selbst immer noch als eine Art von wesenhaftem Organismus. Darin kam der reine Mechanismus der Newtonschen Natur nicht mehr voll zum Ausdruck. Diesen nun als solchen rein zur Darstel= lung zu bringen und dabei doch den Gottesgedanken zu eli= minieren, das war die weitere Konsequenz, die der eigent= liche Materialismus glaubte ziehen zu sollen. Es war der französische Arzt Lamettrie (1709—1751), der jetzt den ersten Anstoß zu ihr gab. Er erkannte nichts an als den Mecha= nismus der Natur. Die Natur aber war ihm nichts anderes als die Gesamtheit von Kraft und Stoff. Alles Geschehen ist materielle Bewegung. Auch das geistige Geschehen ist nur eine Art der Bewegung, die sich am materiellen Nerven= system vollzieht. Ihre niederste Stufe ist die Empfindung. Die höheren seelischen Tätigkeiten sind nur höher entwickelte, also nur graduelle, nicht spezifische Formen der niederen, und darum ist auch zwischen Mensch und Tier nur ein gradueller, aber kein prinzipieller oder spezifischer Unterschied. Der Mensch ist ebenso wie das Tier nur eine materielle Maschine. Der praktische Grundtrieb ist das sinnliche Lustgefühl, und der Wert des Lebens besteht nur in der Erreichung eines mög= lichst großen Lustquantums.

Diese Gedanken wurden in unerträglicher Breite in dem sogenannten système de la nature ausführlich dargestellt. Dieses Werk sollte so recht eigentlich das Welträtselbuch der französischen Aufklärerei sein. Zwei in Frankreich lebende Deutsche, in erster Linie Holbach (1723—1789) und mit ihm Grimm (1723—1807), waren die Seele dieses seelenlosen Materialismus. Sie brachten Lamettrie gegenüber nichts wesentlich Neues. Auch für sie waren Kraft und Stoff die einzigen Realitäten, mit denen sie alle Rätsel der Welt lösen oder besser alle Probleme hinwegrätseln wollten. Nur orien= tierten sie ihren Materialismus mehr an der Atomistik, indem sie in der Atombewegung die letzte Grundlage aller Wirklich= keit und aller Wirklichkeitserkenntnis erblickten. Das Träg= heits= und Gravitationsgesetz mußten ihrer Weltanschauung den wissenschaftlichen Anstrich geben. Denn Trägheit und Gravitation und mit dieser Attraktion und Repulsion der Atome leiten die Gebilde der mechanischen Bewegung, in denen sich die Dinge aus den Atomen aufbauen. Es versteht sich für sie von selbst, daß alles Geistige nur eine Art der Atombewegung ist.

Ihr Materialismus hat zugleich eine weltbeglückende Ten= denz. Denn, so meinten sie, er reinigt und befreit das mensch= liche Denken von allen Vorurteilen der Religion, die ebenso theoretisch falsch, wie praktisch gefährlich und verderblich sind.

Die Wirkung, die das système de la nature tat, war nicht tief. Es erging dem französischen Materialismus nicht anders, als etwa seinem modernen materialistischen Geistesbruder,

der mit dem Namen „Monismus" vornehm tut. Die ewig Unmündigen im Geiste mochten freilich in ihm eine Offenbarung sehen und eine Befreiung von selbständigem Denken. Die edleren Geister der Zeit wandten sich enttäuscht von diesem „System der Natur" ab. Es erging ihnen, wie Goethe es geschildert. „System der Natur ward angekündigt, und wir hofften also, wirklich etwas von der Natur, unserer Abgöttin, zu erfahren." Aber sie sahen sich bald in ihrer Hoffnung aufs schlimmste betrogen: „Wie hohl und leer ward uns in dieser tristen, atheistischen Halbnacht zumute."

II. Der praktische Naturalismus. Die englische Nützlichkeitsmoral schon begann die Ethik in naturalistische Bahnen zu drängen. Und wenn die weitere Entwickelung in England das sittliche Problem berührte, so geschah dies zumeist in naturalistischem Sinne. Die großen Naturforscher Boyle und Newton bilden hier freilich eine Ausnahme. Ihre Lebensanschauung war dafür von vornherein zu religiös bestimmt. Aber gerade Newtons Mechanik gab den Impuls dazu, auch das Seelenleben in seinem reinen Mechanismus zu betrachten. Und von seiten des Rationalismus kamen diesem Impuls Einflüsse von Hobbes und Spinoza entgegen. Hartley (1704 bis 1757) ergänzte Humes Assoziationstheorie im Sinne der auf das Seelenleben übertragenen Mechanik Newtons, und die Psychologie ward für ihn ausdrücklich zur Mechanik der Vorstellungen und Triebe. Im gleichen Sinne faßt Priestley (1733—1804) die Psychologie. Gegen die materialistischen Folgerungen sträubt er sich freilich aufs energischste und kämpft mit Nachdruck gegen den französischen Materialismus an. Metaphysisch stellt er sich entschlossen auf den Standpunkt der Physikotheologie Newtons. Und so kommt die psychologische Mechanik bei ihm zu dem klaren Ausdruck eines rein methodischen Verfahrens. Insofern er aber aus ihm überhaupt Konsequenzen praktischer Art zieht, wird er ebenso wie

Hartley zum ethischen Standpunkte der Nützlichkeitsmoral gedrängt, die freilich bei beiden keine umfassende Darstellung findet. Ihr praktischer Naturalismus ist vielmehr in ihre Seelenmechanik verwoben.

Die bedeutendste Erscheinung, die wir als eine Form des praktischen Naturalismus ansprechen dürfen, ist die Lehre Rousseaus (1712—1778). Auch sein Verfahren ist in letzter Linie psychologisch bestimmt. Das Bedeutsame seiner Leistung liegt darin begründet, daß er den Gegensatz von Natur und Kultur mit voller Schärfe erkennt und daß ihm auf Grund dieser Erkenntnis die Kultur wirklich zum Problem wird.

Freilich kündigt sich auch schon in seinem Problem die Schranke seiner Leistung an. Über seine Zeit weist er dadurch hinaus, daß er es überhaupt fraglich und zum Problem macht, ob die Kultur und ihre Leistungen auf dem Gebiete der Wissen= schaft und Kunst in Wahrheit auch die Menschen besser und sittlicher gemacht haben. Das galt bis zu ihm einfach als selbstverständlich. Und das Große liegt gerade darin, daß er, was noch seiner Zeit als selbstverständlich galt, eben in Frage zog. Allein er zahlte seiner Zeit selbst den Tribut, indem er die Frage: ob die Kultur die Menschen besser und sittlicher ge= macht, gleich mit der anderen Frage: ob sie sie glücklicher ge= macht habe, d. h. kurz, indem er Sittlichkeit und Glück iden= tifizierte. Er blieb also selbst Glücks= und Nützlichkeitsmoralist.

Rousseau verneinte die Frage. Er sah mit Recht in der Kultur eine stetige Entfernung vom Naturzustande. Weil er aber mit Unrecht Glück und Sittlichkeit gleichsetzte, und weil er im Naturzustande den glücklicheren und darum bes= seren Zustand der Menschheit erblickte, so wurde er zum An= kläger der Kultur und verlangte Rückkehr zur Natur. Die Natur vereinheitlicht die Individuen, die Kultur differen= ziert sie. In der Natur sucht nur jedes Individuum sich durch= zusetzen und zu behaupten; in der Kultur sucht jedes das an=

dere zu beherrschen, denn aus der Differenzierung folgen Neid und Habsucht und all das auf ihnen beruhende soziale Elend. Um Rousseaus Kulturphilosophie gerecht zu werden, hat man zweierlei zu bedenken. So unzulänglich auch immer das Glückseligkeitsprinzip sein mag, nimmt man es erst als Prinzip an, so ist Rousseau durchaus konsequent und konsequenter als alle Glückseligkeitsmoralisten vor ihm und nach ihm. Das ist das erste. Zweitens darf man Rousseau nicht schlechtweg den Widerspruch unterschieben, daß er, dessen Leistung doch ein Kulturdokument ersten Ranges sei, mit dieser Leistung die Kultur, die er bekämpfte, schon voraussetze. Das zwar ist richtig: er setzt schon die Kultur voraus und er bekämpft die Kultur. Allein in seinem Denken bekundet sich hier eine eigentümliche und bemerkenswerte dialektische Entwickelung, die in gewisser Weise seiner eigenen persönlichen Entwickelung entspricht: Es ist eine andere Kultur, die er fordert und voraussetzt, eine andere, die er bekämpft. Er bekämpft die Kultur, die er historisch vorzufinden meint, und von der er glaubt, daß sie den Menschen in seiner natürlichen Einheit sowohl mit sich selbst, wie auch mit seinen Nebenmenschen entzweie, die darum alles Unheil der Zwietracht, der Unterdrückung, des Neides, des Hasses heraufbeschwöre, wie es aus der differenzierten sozialen Stellung, der differenzierten Kulturarbeit und allen übrigen Bedingungen des gegebenen kulturellen Lebens folge. Er fordert dagegen eine der natürlichen Einheit des Menschen entsprechende Kultur, die dem Stande der natürlichen Entwickelung des Einzelnen, wie derjenigen der Gesamtheit gemäß sei. Jene zu regeln, ist Aufgabe der Erziehung; diese untersteht der Regelung des Staates. Damit hat er einerseits der Erziehungslehre oder Pädagogik, andererseits der Staatslehre oder Politik sein Programm gestellt.

Für die Erziehung fordert Rousseau ganz besonders Natur-

gemäßheit. Es soll nicht darauf ankommen, die Seele des
Kindes mit allerhand Kenntnissen, die sie doch noch nicht ganz
zu fassen vermag, oder mit religiösen Vorstellungen, die sie
doch nie versteht, vollzupfropfen. Viel wichtiger ist es, dem
Kinde möglichste Freiheit zu lassen, damit es seine Eigenheit
selbst entfalte. Man beobachte nur seine Individualität und
führe ihm gerade das zu, worauf seine individuellen Anlagen
sich richten. Dann allein wird aus dem Kinde ein rechter
Mensch. Man bedenke vor allem, daß dazu gehört, daß es auch
ein ganzer Mensch werde. Man verkümmere durch schul=
meisterliche Pedanterie zugunsten des Vorstellungslebens
nicht das Willens= und Gefühlsleben. Man übersehe auch
weiter nicht, daß das Kind nicht bloß ein fühlendes, wollen=
des und vorstellendes, d. h. kurz ein seelisches Wesen ist, daß
es vielmehr aus Seele und Leib besteht. Darum lasse man
auch dem Leibe seine Rechte, lasse das Kind spielen und sich
in der freien Natur herumjagen. Man rede ihm weniger in
die natürlichen Tendenzen seiner Eigenart hinein, sondern
beobachte diese nur, um ihnen zur Entfaltung zu verhelfen.
Das sind mit wenigen Worten die Grundsätze der Rousseau=
schen Pädagogik. Ihre ganze epochemachende Bedeutung er=
kennt man am besten vielleicht daran, daß heute die Forde=
rung der „individuellen Erziehung" fast zur selbstverständ=
lichen Trivialität geworden ist.

Die originalste Leistung Rousseaus aber ist, wie das Hen=
sel in seiner kleinen, aber besten Gesamtdarstellung, die wir
von Rousseaus Philosophie in deutscher Sprache besitzen, tref=
fend bemerkt hat, seine politische Lehre. Sie ist in der Tat
nichts Geringeres als der erste Versuch einer Kritik des Rechts,
oder ein Versuch, die Idee des „richtigen Rechts", um mit
Stammler zu reden, zum Rechtskriterium zu machen. Er
will nach den Gesetzen fragen, „wie sie sein sollen". (Vergl.
P. Hensel, a. a. O. S. 41.)

Hier zeigt es sich abermals recht deutlich, in welchem Sinn Rousseau die Kultur bekämpft, in welchem er sie fordert. Der Staat soll eine Aufgabe erfüllen und Recht, Eigentum und Leben nicht dieses oder jenes Einzelnen, sondern der Gesamtheit sichern. Da nun im bloßen Naturzustande überhaupt kein Recht herrscht, kann auch hier die Rückkehr zur Natur nur eine Abweisung der Irrungen der Kultur bedeuten, und die Kultur des richtigen Rechts wird gerade als Gesamtheits= forderung an den Staat gestellt. Richtig aber können seine Gesetze nur sein, wenn die in ihm zur Staatsgemeinschaft zusammengeschlossenen Individuen ihren Gesamtwillen da= rin erkennen. Dieser Gesamtwille (volonté générale) ist frei= lich nicht bloß die Summe des Willens aller Einzelnen (vo- lonté de tous).

Jener ist vielmehr der Inbegriff eines objektiven, von aller Willkür, die im Willen aller noch eingeschlossen ist, frei ge= dachten, allein auf das Gesamtinteresse gerichteten Willens. Der Gesamtwille oder besser Gemeinschaftswille bezeichnet vielmehr dem Willen aller gegenüber eine Aufgabe, insofern dieser sich zu jenem zu gestalten hat, insofern jeder dem all= gemeinen Interesse zu dienen hat. So wird der Gemeinschafts= wille für den Einzelnen zugleich zum idealen Kriterium seines eigenen Willens, an dem dieser beurteilt, ob er selbst dem Ge= meinschaftsinteresse dient oder nicht; und für den Staat ist er darum das eigentlich letzte Kriterium der Gesetzgebung, nach dem entschieden werden kann, ob die Gesetze von Rechts wegen zu gelten haben oder nicht, von dem sie also Rechtskraft empfan= gen können, wie diese ihnen von ihm auch wieder genommen werden kann, je nach der Stufe der natürlichen Gesamtheits= entwickelung. Die Unterscheidung zwischen Gesamtwillen und der bloßen Summe des Willens Einzelner ist auch entscheidend für die Staatsverfassung. Nach jenem, nicht nach dieser ist sie zu gestalten. Daher paßte eine demokratische Regierung zwar für „ein Volk von Göttern, nicht aber für Menschen". Darum „hat es noch nie eine echte Demokratie gegeben und wird es nie eine geben. Es widerspricht der natürlichen Ordnung, daß die Menge regiere und die Minderzahl regiert werde." Die Religion ist für Rousseau reine Herzensangelegenheit. Die Natur ist Schöpfung Gottes, und darauf gründet sich auch die Güte des Naturzustandes. Von kirchlichen Dogmen will er nicht viel wissen, weil ihm die Religion viel mehr Sache gefühlvollen Erlebens, als dogmatischer Theorie und Spekulation ist. Der Materialismus ist ihm verhaßt, Voltaires religiöse Leerheit stößt ihn ab, und am Christentum vermißt er infolge der Jenseitigkeit die Unmittelbarkeit und Gerechtigkeit gegen das natürliche Leben. Eine Verwandtschaft mit Voltaire zeigt er aber darin, daß er die Allmacht Gottes aufopfert, um seine Güte zu retten. Daß die Natur, obwohl sie gut ist, dennoch nicht vollkommen, sondern mit Übeln behaftet ist, liegt in dem Widerstande, den die Materie dem gütigen Willen Gottes entgegensetzt, und den Gottes Macht nicht restlos zu überwinden vermag.

Rousseaus Wirkung war geschichtlich von größter Bedeutung, nicht weil seine Anschauung eine besondere Popularität erfuhr, sondern weil sie einen Impuls zur Umbildung und Vertiefung für den Denker gab, der in originaler Kraft der Synthese nicht bloß die wissenschaftliche Tendenz der Newtonschen Naturlehre als Bestandstück in seine Lehre aufnahm, sondern auch eine Verbindung der rational wie der empirisch gerichteten Philosophie vollzog, die die Einseitigkeiten einer jeden für sich überwand, und der zugleich in seiner praktischen Philosophie das ethisch-religiöse Prinzip des Protestantismus wissenschaftlich basierte, so daß sich in seiner Lehre die Tendenzen der gesamten neueren Philosophie, soweit sie wenigstens von wissenschaftlicher Bedeutung sind, zu einer höheren Synthese vereinigen. Sie vollzog mit der ganzen Originalität des philosophischen Genies der größte deutsche Denker: Immanuel Kant.

Verzeichnis
der behandelten Philosophen.